Cenedligrwydd, Cyfiawnder a Heddwch

Hefyd yn y gyfres:

Cred, Llên a Diwylliant: Cyfrol Deyrnged Dewi Z Phillips

E. Gwynn Matthews (gol.)

Cenedligrwydd, Cyfiawnder a Heddwch

Golygydd

E. Gwynn Matthews

Adran Athronyddol
Graddedigion Prifysgol Cymru

Astudiaethau Athronyddol 2

Argraffiad cyntaf: 2013

© Hawlfraint yr awduron unigol a'r Lolfa Cyf., 2013

*Mae hawlfraint ar gynnwys y llyfr hwn ac mae'n anghyfreithlon i
lungopïo neu atgynhyrchu unrhyw ran ohono trwy unrhyw ddull ac
at unrhyw bwrpas (ar wahân i adolygu) heb gytundeb ysgrifenedig y
cyhoeddwyr ymlaen llaw*

Dymuna'r cyhoeddwyr gydnabod cymorth ariannol
Cyngor Llyfrau Cymru

Cynllun y clawr: Y Lolfa

Rhif Llyfr Rhyngwladol: 978 1 84771 683 5

Cyhoeddwyd ac argraffwyd yng Nghymru
ar bapur o goedwigoedd cynaladwy gan
Y Lolfa Cyf., Talybont, Ceredigion SY24 5HE
gwefan www.ylolfa.com
e-bost ylolfa@ylolfa.com
ffôn 01970 832 304
ffacs 832 782

Cynnwys

Rhagair 7

Athronyddu drwy hanes athroniaeth wleidyddol 11
Howard Williams

Gafael Rhyfel Cyfiawn ar y Meddwl Modern 35
Huw Williams

Cyfiawnder John Rawls ac 56
annibyniaeth wleidyddol i Gymru
Gwenllian Lansdown Davies

Gwladgarwch: Richard Price ar 69
Garu ein Gwlad
E. Gwynn Matthews

Cydnabyddiaeth a Hunaniaeth 85
E. Gwynn Matthews

Syniadaeth Wleidyddol Gwynfor Evans 102
Richard Wyn Jones

'Ymwisgo Comiwnyddiaeth 128
mewn Gwisg Gymreig'
Douglas Jones

Rhagair

CENEDLIGRWYDD, CYFIAWNDER A HEDDWCH yw'r ail gyfrol i ymddangos yn y gyfres Astudiaethau Athronyddol, sef cynllun Adran Athronyddol Urdd Graddedigion Prifysgol Cymru i gyhoeddi rhai papurau a draddodwyd yn lled ddiweddar yng nghynadleddau'r Adran. Megis yn y gyfrol gyntaf, *Cred, Llên a Diwylliant*, mae'r papurau a ddewiswyd yn cynrychioli mwy nag un traddodiad athronyddol, ac fel honno cynhwysir rhai papurau ar hanes syniadau. Y mae'r holl bapurau, fodd bynnag, yn trafod agwedd neu agweddau ar syniadaeth neu athroniaeth wleidyddol.

Mae'r tri maes a enwir yn y teitl yn gwbl ganolog i fywyd gwleidyddol yng Nghymru a'r byd heddiw. Yn ystod y genhedlaeth hon y gwelwyd y mynegiant cyfansoddiadol mwyaf sylweddol o'n cenedligrwydd ers canrifoedd, a daeth y cysyniad o genedligrwydd yn bwnc canolog iawn yn y drafodaeth wleidyddol gyfoes. Rhyddhaodd cyplysu cyfiawnder a chenedligrwydd rymoedd syniadol chwyldroadol yn yr oes sydd ohoni ac fe gawn olwg yn y casgliad hwn ar ddadansoddiadau athronwyr diweddar fel Rawls a Taylor ac *activistes* fel y Cenedlaetholwyr a'r Comiwnyddion Cymreig. Cafodd nifer o Gymry ifanc brofiad gwaedlyd o wrthdaro ideolegol ar faes y gad yn Irac ac Affganistan. Cawsant eu sugno i mewn i gyflafan y myn rhai sydd yn 'rhyfel cyfiawn'. Y cwestiwn athronyddol yw, beth yw ystyr 'cyfiawn' yng nghyd-destun rhyfel?

Traddodwyd 'Gwladgarwch: Richard Price ar Garu ein Gwlad' a 'Syniadaeth Wleidyddol Gwynfor Evans' yng Nghynhadledd 1999, cynhadledd a drefnwyd i ddathlu sefydlu Cynulliad Cenedlaethol Cymru, ac fe'u cyhoeddwyd gyntaf yn *Efrydiau Athronyddol* (Cyfrol LXIII). Traddodwyd 'Cydnabyddiaeth a Hunaniaeth' ac 'Ymwisgo Comiwnyddiaeth mewn Gwisg

Gymreig ' yng Nghynhadledd 2008. Cyflwynwyd 'Athronyddu drwy hanes athroniaeth wleidyddol' yng Nghynhadledd 2009, 'Gafael Rhyfel Cyfiawn ar y Meddwl Modern' yng Nghynhadledd 2010 a 'Cyfiawnder John Rawls ac annibyniaeth i Gymru' yng Nghynhadledd 2011. (Ni fynnwyd unffurfiaeth o ran dull cyfeirio'r holl awduron.)

Mae'n fater o foddhad neilltuol i'r Adran fod y Coleg Cymraeg Cenedlaethol yn gynnar yn ei hanes wedi gweld yn dda sefydlu darlithyddiaeth mewn Athroniaeth ac mae'r Adran yn falch iawn o fod mewn perthynas arbennig â'r Coleg. Yr ydym hefyd, wrth gwrs, yn falch o fedru cynnwys papur gan y darlithydd mewn Athroniaeth, Dr Huw Williams, yn y gyfrol hon.

Cydnabyddir gyda diolch a gwerthfawrogiad nawdd Cyngor Llyfrau Cymru a chyfraniadau ariannol Prifysgol Cymru sydd wedi ei gwneud yn bosibl i'r Adran gyhoeddi'r gyfrol hon. Unwaith yn rhagor, yr ydym yn ein dyled i'r Lolfa am eu diddordeb a'u cefnogaeth wrth ddwyn y gyfrol drwy'r wasg.

E. Gwynn Matthews

Pasg 2013

Awduron yr Ysgrifau

Howard Williams Mae'r Athro Howard Williams yn Athro Damcaniaeth Wleidyddol yn Adran Gwleidyddiaeth Ryngwladol Prifysgol Aberystwyth. Bu'n Athro Gwadd ym Mhrifysgolion Halle (Yr Almaen), Wilfrid Laurier (Canada) a Krakow (Gwlad Pwyl). Cyhoeddodd dros hanner cant o erthyglau mewn cyfnodolion dysgedig ac ef yw golygydd *Kantian Review*. Ymhlith ei lyfrau niferus mae: *Kant's Political Philosophy*; *Hegel, Heraclitus and Marx's Dialectic*; *Kant's Critique of Hobbes: Sovereignty and Cosmopolitanism*.

Huw Williams Mae Dr Huw Lloyd Williams yn ddarlithydd mewn Athroniaeth gyda'r Coleg Cymraeg Cenedlaethol, wedi ei leoli ym Mhrifysgol Caerdydd. Mae'n arbenigo mewn athroniaeth wleidyddol. Ymhlith ei gyhoeddiadau mae: *On Rawls, Development and Global Justice*. Fe fydd pennod ganddo ar waith John Rawls, 'The Law of Peoples', yn ymddangos yn *The Blackwell Companion to Rawls*.

Gwenllian Lansdown Davies Mae Dr Gwenllian Lansdown Davies yn gweithio i'r Coleg Cymraeg Cenedlaethol fel Swyddog Cyhoeddiadau a Chynorthwy-ydd Golygyddol y cyfnodolyn ymchwil *Gwerddon*. Cyn hynny, bu'n Brif Weithredwr Plaid Cymru, ac yn aelod o bwyllgor llywio'r ymgyrch 'Ie dros Gymru' (2011). Mae'n Ddoethor mewn Athroniaeth Wleidyddol o Brifysgol Caerdydd.

E. Gwynn Matthews Cyn ymddeol yr oedd Gwynn Matthews yn diwtor ym Mhrifysgol Cymru, Bangor. Ei brif ddiddordebau athronyddol yw Hegel ac Idealaeth Brydeinig. Ef yw Llywydd yr Adran a'r Cydlynydd Cyhoeddiadau. Ymhlith ei gyhoeddiadau mae: *Hegel* (Cyfres 'Y Meddwl Modern'); *Yr Athro Alltud: Bywyd a Gwaith Syr Henry Jones*; *Francis Fukuyama and the end of history* (gyda Howard Williams a David Sullivan).

Richard Wyn Jones Mae'r Athro Richard Wyn Jones yn Athro Gwleidyddiaeth Cymru ac yn Gyfarwyddwr Canolfan Llywodraethiant Cymru ym Mhrifysgol Caerdydd. Mae wedi cyhoeddi'n helaeth ar wleidyddiaeth Cymru, ar genedlaetholdeb ac ym maes astudiaethau diogelwch. Ymhlith ei gyhoeddiadau mwyaf diweddar mae: *'Y Blaid Ffasgaidd yng Nghymru': Plaid Cymru a'r Cyhuddiad o Ffasgaeth* a *Wales Says Yes: Devolution and the 2011 Welsh Referendum*.

Douglas Jones Llyfrgellydd Derbyn yn Uned Llyfryddiaeth Cymru y Llyfrgell Genedlaethol yw Dr Douglas Jones. Derbyniodd ei Ddoethuriaeth am draethawd ar Blaid Gomiwnyddol Prydain Fawr a'r Cwestiwn Cenedlaethol yng Nghymru yn yr Ugeinfed Ganrif. Mae ei ddiddordebau ymchwil yn cynnwys hanes y mudiad comiwnyddol rhyngwladol a gwleidyddiaeth a hanes Cymru.

Athronyddu drwy hanes athroniaeth wleidyddol

Howard Williams

Cyflwyniad: gwahanol syniadau o hanes athroniaeth wleidyddol

BETH SYDD I'W ENNILL wrth astudio hanes athroniaeth wleidyddol? Cymeraf yma fod y cwestiwn yn cael ei godi o safbwynt sydd yn bennaf yn athronyddol ac sydd yn gofyn, felly, am ateb athronyddol. Gellid, wrth gwrs, ofyn y cwestiwn hwn o safbwynt hanesyddol, neu o safbwynt addysgiadol a hefyd o safbwynt buddioldeb yn gyffredinol. Nid wyf yn canolbwyntio yma ar y cyfraniad y gall hanes athroniaeth wleidyddol ei wneud tuag at ddeall hanes gwlad a chymdeithas yn gyffredinol nac ychwaith ar ddefnydd y pwnc wrth fyw bywyd pob dydd a cheisio gwella cyflwr economaidd cymdeithas. Mae fy niddordeb pennaf yng nghyfraniad hanes athroniaeth wleidyddol at athroniaeth fel pwnc sydd yn ymdrin â rhai o brif benblethau bywyd dynol, sef problemau gwybodaeth a phroblemau gweithredu'n gyfiawn ac yn dda.

I'r athronydd y mae athroniaeth wrth gwrs yn ddiben ynddo'i hun. Nid oes angen arno gyfiawnhau'r chwilfrydedd sydd yn arwain at bendroni ar bynciau oesol athroniaeth: fel natur bodolaeth, yr hyn sydd yn dda, beth yw prydferthwch ac yn y blaen. Yn yr un modd nid oes angen cyfiawnhau hanes athroniaeth a hanes athroniaeth wleidyddol yn arbennig. Y mae diddordeb yng ngorffennol y maes yn rhan o atyniad astudio'r pwnc. Nid oes raid gweld ymhellach na'r pleser a ddaw o ddarganfod syniadau a ffeithiau newydd. Yn nehongliad rhai athronwyr, pellter athroniaeth oddi wrth fywyd pob dydd, y llonyddwch meddyliol y mae'n ei greu, yw ei phrif atyniad. Nid wyf fy hun yn rhannu'n llwyr y cysyniad haniaethol, gwrthymarferol yma o athroniaeth. I'm tyb i mae angen athronyddu wrth drin natur a'r byd dynol, nid yn unig i sicrhau ein gwybodaeth o'r ddau ond hefyd i wneud yn bosibl ein cysylltiadau ag eraill yn ein byd. Y mae cyfathrebu'n gymdeithasol yn dibynnu ar arfer yn gywir rai syniadau na ellir eu hegluro'n llawn ond o safbwynt athronyddol. Enghraifft o'r math o gysylltiad cymdeithasol sydd yn y diwedd yn dibynnu ar athroniaeth i'w egluro'n iawn yw cytundeb. Y mae cytundeb wrth wraidd bron bob cysylltiad economaidd. Dim ond drwy ymuno mewn cytundebau y gellir prynu a gwerthu. Y mae hyd yn oed y trafod mwyaf syml, fel prynu papur newydd yn y bore, yn golygu rhyw wybodaeth o gytundeb gan mai cytundeb yw'r prynu a gwerthu a ddigwydd. Nid oes raid, wrth gwrs, athronyddu i brynu'r papur; ond i ddeall yn glir sut mae'r weithred yn llwyddo, y mae'n rhaid wrth athroniaeth.

Wrth ddarganfod presenoldeb a dilysrwydd athroniaeth yn ein bywyd heddiw gellir gweld yn eglurach swyddogaeth arall bwysig i hanes athroniaeth. Ceir yn athronyddu ein rhagflaenwyr ddarlun o sut y mae unigolion a chymdeithas yn dygymod â phroblemau meddyliol dwys a ddaw i'n rhan ninnau hefyd yn awr. Gallwn ninnau athronyddu'n well wrth ystyried agweddau a meddylfryd yr athronwyr gynt. A phwy sydd i ddweud nad yw eu hatebion nhw i benblethau athroniaeth yn well na'r rhai y gellir eu dyfeisio'n awr?

Un o'r dylanwadau mwyaf ar athroniaeth wleidyddol heddiw yw gwaith yr Americanwr John Rawls. Y mae'n enwog yn bennaf am ei waith cynhwysfawr *A Theory of Justice* sydd yn olrhain rhyddfrydiaeth gyfoes, yn briodol, i'r Unol Daleithiau a gwledydd y Gorllewin. Ond cyhoeddodd ddwy gyfrol arall, *Political Liberalism* a *The Law of Peoples*, a ddangosodd ddatblygiad yn ei feddwl gwleidyddol i gyfeiriad rhyddfrydiaeth wladol a rhyngwladol. Y mae'n amlwg fod hanes athroniaeth wleidyddol yn bwysig iawn i Rawls gan iddo seilio ei ryddfrydiaeth ar draddodiad y cytundeb cymdeithasol yn y cyfnod modern. Yr oedd y syniad o gytundeb cymdeithasol yn ganolog i athroniaeth wleidyddol o'r unfed ganrif ar bymtheg ymlaen. Roedd prif ffigurau athroniaeth wleidyddol yn y cyfnod hwn fel Thomas Hobbes, John Locke a Jean-Jacques Rousseau yn dadlau bod ein holl hawliau yn deillio o gyfamod gwreiddiol a ddaeth â'r wladwriaeth i fodolaeth. Y mae John Rawls, yn wir, yn cydnabod bod ei theori o gyfiawnder yn adeiladu ar y traddodiad hwn, gan newid un neu ddau o'r manylion. Ond yn ogystal ag adfywio'r traddodiad, fe adfywiodd Rawls athroniaeth wleidyddol fel y cyfryw, wrth fod yn ddyfeisgar yn ailstrwythuro dadleuon ei ragflaenwyr. Un o nodweddion arall athroniaeth wleidyddol Rawls yw ei feirniadaeth ar lesyddiaeth. Cynrychiolwyr pwysicaf yr athrawiaeth hon yw Jeremy Bentham, James Mill a'i fab John Stuart Mill. Enw arall pwysig iawn yn y traddodiad hwn i Rawls yw Henry Sidgwick. Portreada Rawls ei athroniaeth o gyfiawnder fel ateb i rai o brif wendidau llesyddiaeth, yn arbennig y difaterwch y mae llesyddiaeth ar bob golwg yn ei ddangos tuag at bwysigrwydd lles yr unigolyn a'i hawl cynhenid i ryddid cyfartal. Yn ôl Rawls y mae llesyddiaeth glasurol yn rhy barod i anwybyddu lles a hawliau rhai unigolion er mwyn creu'r lles mwyaf posibl i'r gymdeithas gyfan.

Ond nid John Rawls yn unig ymhlith athronwyr cyfoes sydd yn gweithio yng nghyd-destun hanes athroniaeth. Athronydd sydd heddiw yn denu llawer o sylw yn y byd academaidd – yn arbennig yn y gwyddorau cymdeithasol – yw'r Ffrancwr Michel Foucault. Rhoddir sylw'n arbennig i'w amgyffrediadau o sofraniaeth, llywodraethu a diogelwch. Ond o'm darlleniad i o'i waith, y mae'n eglur y gwêl Foucault mai ei swyddogaeth fel athronydd yw dadansoddi'n amyneddgar a thrylwyr ei ragflaenwyr yn y maes. Fe ddigwydd hyn yn anuniongyrchol drwy ei driniaeth arbennig o hanes. Y mae arddull Foucault yn ei weithiau diweddar yn gofyn am anwybyddu yn y cychwyn gysyniadau haniaethol arferol athroniaeth wleidyddol fel y wladwriaeth, llywodraeth a sofraniaeth a cheisio profi drwy edrych ar y record hanesyddol sut y daeth y cysyniadau arbennig hyn yn hanfodol. Y mae athrawiaeth ddylanwadol Foucault o 'biopolitics' (gwleidyddiaeth sy'n ymdrin yn glòs â bioleg dyn) yn codi o feirniadaeth o ryddfrydiaeth fodern a gynrychiolwyd gan feddylwyr fel John Locke a J-J Rousseau. Yn ôl Foucault, trodd ein cymdeithas oddi wrth gymdeithas unigolyddol y ddeunawfed ganrif (a'i chred mai'r brif broblem oedd sut i gyfuno rhyddid yr unigolyn â threfn wleidyddol addas) at brif broblem arall sef, nid yn gymaint sut i gyfyngu'r defnydd o rym, ond yn hytrach, sut i reoli a chyfyngu grym cymdeithasol sydd eisoes yn bod. Yn rhan o ymlediad gwleidyddiaeth fiolegol fe ddaeth y wladwriaeth a'i hymyrraeth a'n hymdrechion unigol yn rhan o'n bywyd pob dydd. Pwysleisia Foucault yn arbennig ymyrraeth y llywodraeth ym maes iechyd ond y mae'r un peth yn wir am bron bob maes arall. Nid cadw'r wladwriaeth draw o'r gymdeithas sifil yw amcan rhyddfrydiaeth heddiw; yn hytrach amcan pennaf rhyddfrydiaeth yn awr yw cydasio'n swyddogaethau cymdeithasol yn well (Foucault, 309-11). Derbyn rhyddfrydiaeth heddiw swyddogaeth y wladwriaeth i warchod buddiannau'r boblogaeth yn gyffredinol ond, serch hynny, y mae'n mynnu cadw golwg ar y swyddogaeth hon a chadw'r cylch gorchwyl mor gyfyng â phosibl.

Y mae'n ddigon posibl astudio hanes athroniaeth o safbwynt hanes cyffredinol a gymer athroniaeth wleidyddol fel agwedd o safbwynt gwlad, cenedl neu gyfandir. Ar y cyfan dyma safbwynt yr hanesydd syniadau Quentin Skinner a gafodd gymaint o ddylanwad ar theori wleidyddol dros y degawdau diwethaf. Yn bennaf oll hanesydd yw Skinner sydd am ddeall athroniaeth wleidyddol o safbwynt datblygiad ideolegol gwlad neu ddiwylliant. Rhydd Skinner bwyslais pendant ar gyddestun y syniadau gwleidyddol sy'n cael eu trafod. Un o'i brif ddiddordebau yw deall y cysylltiad rhwng gwleidyddiaeth cyfnod ac athronyddu'r cyfnod. Yn hyn o beth y mae Skinner o dan ddylanwad syniadau Marcsiaeth ynglŷn â chysylltiad is-adeiladaeth gymdeithasol (yn bennaf, wrth gwrs, yr economi) a'r uwch-adeiladaeth syniadol neu ideolegol. Y mae'n ceisio darganfod y cysylltiad rhwng theori a'r byd gwleidyddol ymarferol. Yn hyn o beth, yn ôl Skinner, y mae'n bwysig canolbwyntio nid yn gymaint ar destunau y dychmygir eu bod yn allweddol yn y maes (er enghraifft, *Y Tywysog* gan Machiavelli neu'r *Wladwriaeth* gan Platon), ond hefyd ar y byd syniadau cyfoes y mae prif weithiau o'r fath yn deillio ohono. Y mae'r campwaith yn ôl Skinner yn codi o fframwaith o syniadau a fynegir mewn datganiadau a chyhoeddiadau eraill yn y maes ar yr un pryd. Y mae'r campweithiau yn rhan o drafodaeth wleidyddol sydd ynghlwm wrth hanes y cyfnod.

Rhydd Skinner sylw felly i nodweddion y cymdeithasau y mae gweithiau ar athroniaeth wleidyddol yn eu cynrychioli. 'Cymeraf mai bywyd gwleidyddol fel y cyfryw sy'n gosod y prif broblemau gerbron y damcaniaethwr gwleidyddol gan beri i gyfres arbennig o faterion ymddangos yn broblematig, a chyfres o gwestiynau cyfatebol ddod yn brif bynciau trafod' (xi *The Foundations of Modern Political Thought*, Caergrawnt: 1978). Cael gafael ar gnewyllyn meddwl oes, felly, sydd wrth wraidd astudiaethau Skinner o syniadau gwleidyddol. Y mae'n ceisio dangos sut y mae'r dadleuon gwleidyddol yn adlewyrchu blaenoriaethau'r cyfnodau y maent yn perthyn iddynt. Ond, 'nid dweud yw hyn fy mod yn trin yr uwch-adeileddau ideolegol hyn fel cynnyrch uniongyrchol eu sail gymdeithasol'.

Yr hyn sydd yn wirioneddol bwysig yw'r llwyfan/byd syniadol. 'Tybiaf nad yw'n llai hanfodol ystyried cyd-destun syniadol ffurfiant y prif destunau – cyd-destun ysgrifeniadau cynharach a rhagdybiaethau a etifeddwyd parthed cymdeithas wleidyddol, a chyfraniadau cyfoes mwy ymylol i feddwl cymdeithasol a gwleidyddol' (Skinner, xi). Felly, wrth drafod hanes athroniaeth wleidyddol, y mae Skinner yn taflu'r rhwyd yn eang. Ni ellir cymryd yn ganiataol sut y mae'r canon o weithiau gwleidyddol yn cael ei ystyried. Efallai fod, y tu ôl i'r gweithiau cyfarwydd, weithiau llai amlwg eraill sydd, ar y lleiaf, yn taflu mwy o oleuni ar syniadau'r cyfnod a'r cwestiynau mawr. Gwêl Skinner athroniaeth wleidyddol yn rhan o fframwaith cymdeithasol mwy: 'Mae'n amlwg y bydd natur a chyfyngiadau'r eirfa normadol sydd ar gael ar unrhyw adeg arbennig hefyd yn helpu i benderfynu ym mha ffyrdd y daeth cwestiynau arbennig i'w dethol a'u trafod'(xi).

Nid wyf am amau bod triniaeth Skinner o hanes athroniaeth wleidyddol yn dra phwysig a diddorol. Er hynny, y mae'n amlwg fod y pwyslais pennaf ar hanes yn hytrach nag athroniaeth. Mantais ei safbwynt, yn ôl Skinner, yw ei fod yn taflu goleuni ar y cysylltiad rhwng syniadau gwleidyddol a gweithredoedd gwleidyddol. Trwy hyn, wrth gwrs, y daw hanes yn fyw ond efallai fod syniadau'n mynd yn farw yr un pryd. Y mae Skinner yn gweld bai ar draddodiad arferol hanes athroniaeth wleidyddol am beidio â chysylltu'r haniaethol a'r diriaethol: 'Fe wneir y sylw'n fynych fod haneswyr gwleidyddol yn tueddu i bennu rôl braidd yn ymylol i syniadau ac egwyddorion gwleidyddol wrth geisio dehongli gweithredoedd gwleidyddol. Ac y mae'n amlwg, cyhyd ag y pery haneswyr syniadaeth wleidyddol i weld eu prif waith fel dehongli canon o destunau clasurol, mai parhau fydd yr anhawster i sefydlu unrhyw gysylltiad agosach rhwng theorïau gwleidyddol a'r bywyd gwleidyddol. Ond pe baent, yn lle hynny, yn ystyried eu bod yn eu hanfod yn astudwyr ideolegau, efallai y deuai'n bosibl iddynt arddangos un ffordd bendant lle y mae eglurhad o weithred gwleidyddol yn dibynnu ar astudiaeth o syniadau ac egwyddorion gwleidyddol, ac yn amhosibl i'w wneud mewn modd ystyrlon heb gyfeirio atynt' (xii).

Y mae sawl ystyr i ddadleuon Skinner yma ond i'm tyb i mae'r ystyr athronyddol yn un eilradd. Pwyslais Skinner yw egluro digwyddiadau hanesyddol yn hytrach na phwyso a mesur rhesymu athronyddol. Nid yw'n canolbwyntio ar sut i ymddwyn yn wleidyddol yn awr, a'r problemau ymarferol a moesol a gwyd o hyn. Y mae'n manylu ar fath o wybodaeth empeiraidd ynglŷn â digwyddiadau a swyddogaeth syniadau fel achos. Y mae safbwynt gwir athronyddol yn rhoi sylw i gwestiynau o werth a chyfrifoldeb am weithredoedd. Gellir gwrthgyferbynnu safbwynt empeiraidd Skinner â safbwynt moesegol John Rawls.

Yn ôl Rawls nid egluro'n llwyr yw gwaith yr hanesydd athronyddol. Y mae llawer peth arall i'w ddisgwyl wrth astudio hanes athroniaeth. Daw hanes athroniaeth wleidyddol â newid i fyd y rhai sy'n ei astudio. Disgwylir i'r darllenydd ddatblygu a thrawsnewid wrth weithio. 'Felly, dysgwn athroniaeth foesol a gwleidyddol, ac yn wir unrhyw faes arall mewn athroniaeth, trwy ddarllen gweithiau'r arloeswyr mawr – y ffigurau nodedig hynny a wnaeth ymdrechion gwerthfawr – a cheisiwn ddysgu ganddynt, ac os ydym yn lwcus darganfyddwn ffordd o fynd y tu hwnt iddynt' (*Lectures on Political Philosophy* xiv).

Dyma farn John Rawls ar bwysigrwydd yr astudiaeth o hanes athroniaeth wleidyddol i athroniaeth wleidyddol. Ffynhonnell bwysig iawn yw'r hanes hwnnw i'r rhai sy'n ceisio arfer athroniaeth yn y maes yn awr. Yn wir, y mae'n amlwg nad ydyw Rawls yn gwahaniaethu'n ddwfn rhwng astudio hanes athroniaeth wleidyddol ac athronyddu am wleidyddiaeth. Y mae'r ddwy weithred yn gallu bod yn gwbl gyfystyr â'i gilydd.

Gwelai Rawls ei fod wrth gyflawni ei waith fel hanesydd y pwnc – yn egluro syniadau ffigurau nodedig fel Hobbes, Locke a Rousseau mewn ffordd mor blaen â phosibl, gan roddi sylw manwl i'w geiriau hwy eu hunain – eisoes yn athronyddu. Yr oedd hwn yn waith gofalus tu hwnt. Rhaid oedd dibynnu ar drylwyredd yr athronwyr nodedig hyn wrth eu hastudio. 'Y canlyniad oedd fy mod yn gyndyn o godi gwrthddadleuon yn erbyn yr arloeswyr – mae hynny'n rhy hawdd ac yn colli hanfod eu gwaith – er ei bod yn bwysig tynnu sylw at wrthddadleuon y byddai rhai a ddaethai'n ddiweddarach yn yr un traddodiad yn ceisio'u hateb, neu dynnu sylw at syniadau y credai rhai mewn traddodiad gwahanol eu bod yn gyfeiliornus.' Y mae'r gwaith manwl hwn yn bwysig i lwyddiant athroniaeth. 'Hebddo, ni fedrai syniadaeth athronyddol symud ymlaen a byddai'n ddirgelwch paham y gwnaeth awduron diweddarach y sylwadau beirniadol a wnaethant' (xiv).

Un peth nodedig iawn ynglŷn ag agwedd Rawls tuag at hanes athroniaeth wleidyddol yw ei ymroddiad gwylaidd i'r dasg. Nid ystyriai ei hun yn arbenigwr yn beirniadu syniadau athronwyr y gorffennol o safbwynt uwch neu well. Os ydym am ddysgu gan y meddylwyr mawr y mae'n rhaid ffrwyno ein huchelgais ein hunain. Dyma Rawls yn sôn am un o'i reolau pwysicaf wrth ddadansoddi testun hanesyddol: 'Cymerwn yn ganiataol bob amser ... fod yr awduron yr oeddem yn eu hastudio wastad yn llawer craffach nag oeddwn i. Onid e, pam fyddwn i'n gwastraffu f'amser ac amser y myfyrwyr yn eu hastudio?' Ond nid oedd y safbwynt gwylaidd hwn yn troi'n addoliad pur o'r athronwyr mawr a'u gweithiau: 'Pe gwelwn i wall yn eu dadleuon, tybiwn eu bod hwythau [yr athronwyr] wedi ei weld hefyd, ac wedi mynd i'r afael ag ef, ond ymhle? Felly, edrychwn am eu ffordd hwy o'i ddatrys, nid fy ffordd i. Weithiau yr oedd eu ffordd hwy o wneud hynny'n un hanesyddol: yn eu dydd hwy nid oedd angen trafod y cwestiwn; neu ni fyddai'n codi neu ni fyddai'n bwnc trafod buddiol. Neu yr oedd rhan o'r testun yr oeddwn wedi ei hesgeuluso, neu heb ei ddarllen' (xiv).

Os ceid problemau wrth ddarllen llyfr testun y cam cyntaf oedd ei ailddarllen, i chwilio am yr ateb i'r broblem yng ngwaith yr awdur clasurol ei hun. Yn hyn o beth y mae Rawls yn credu iddo ddilyn esiampl Immanuel Kant sydd yn mynnu yn ei *Feirniadaeth ar Reswm Pur* (B866) ei bod hi'n amhosibl dysgu athroniaeth fel pe bai'n rhywbeth diriaethol ar wahân: 'Fedrwn ni ddim dysgu athroniaeth; ymhle mae hi, ym meddiant pwy mae hi, a sut mae ei hadnabod? Fedrwn ni ond dysgu sut i athronyddu, hynny yw, arfer y gallu i ymresymu, yn unol ag egwyddorion cyffredinol, ar gynigion arbennig a wneir ar athroniaeth, gan ddal bob amser at hawl rheswm i ymchwilio, i gadarnhau neu i wrthod yr egwyddorion hyn yn eu tarddiad' (xiv). Delfryd yw athroniaeth o resymu cwbl gywir ac eglur. Ni ellir mynnu bod unrhyw athronydd yn awr na chynt wedi llwyr gyrraedd y nod hwn. Wrth ddysgu athronyddu, felly, y mae'n rhaid cychwyn gydag ymdrechion eraill i athronyddu. Os rhywbeth y mae Rawls yn gosod mwy o werth ar astudio clasuron na Kant. Y mae Rawls yn mynnu dilyn trywydd y clasur yn ofalus ac yn amyneddgar: 'Wrth drafod y bobl hyn fe geisiais bob amser wneud dau beth yn arbennig. Un peth oedd gosod eu problemau athronyddol fel y gwelsant hwy hwynt, a derbyn beth oedd eu dealltwriaeth hwy o gyflwr athroniaeth foesol a gwleidyddol bryd hynny. Felly ceisiais ddirnad beth yn eu barn hwy oedd eu prif broblemau' (xiii). Felly yr oedd Rawls yn credu fel Quentin Skinner bod yn rhaid gosod yr awdur yn ei gyd-destun gwleidyddol – Hobbes, er enghraifft, yn amgylchiadau'r cyfnod o ryfel cartref ym Mhrydain, Marx yn amgylchiadau'r diwydiannu mawr a ddigwyddodd yn y bedwaredd ganrif ar bymtheg – i'w wneud yn haws deall sut y datblygodd athroniaeth wleidyddol. Yr ail beth y ceisiodd Rawls ei wneud oedd canolbwyntio ar agwedd gryfaf athrawiaeth yr awdur: 'peth arall y ceisiais ei wneud oedd cyflwyno yn fy nhyb i syniadau pob awdur yn y ffurf oedd gryfaf' (xiii). Y mae'n rhaid i hyn fod yn waith trylwyr a ffyddlon. Nid oedd yn dderbyniol dychmygu neu ailgreu syniadau'r awdur: 'Ni ddywedwn, nid yn fwriadol beth bynnag, yr hyn yn fy marn i y dylent fod wedi'i ddweud, ond yn hytrach yr hyn a ddywedwyd ganddynt, wedi ei ategu gan yr hyn a fernais oedd y dehongliad mwyaf rhesymol o'u testun. Rhaid oedd bod yn gyfarwydd â'r testun a'i barchu, a chyflwyno'r athrawiaeth ar ei ffurf orau. Byddai rhoddi'r testun heibio yn edrych yn sarhaus, yn fath o honni. Pe digwyddwn wyro oddi wrtho – dim drwg yn hynny – yr oedd yn rhaid i mi ddweud fy mod yn gwneud hynny' (xii).

I mi, felly, pwnc athronyddol yw hanes athroniaeth wleidyddol. Os athroniaeth ydyw yn bennaf, beth felly sy'n dynodi gwaith athronyddol? Prif bynciau athroniaeth yn ôl Immanuel Kant yw: beth allaf ei wybod?; beth ddylwn ei wneud (neu sut dylwn weithredu)?; beth allaf ei ddisgwyl neu ei obeithio?; ac yn olaf beth yw'r bod dynol? Y mae'r cwestiwn cyntaf yn cael ei drin gan wybodeg neu epistemoleg, y mae'r ail yn cael ei drin gan foeseg, y trydydd gan grefydd a'r pedwerydd gan anthropoleg (Kant, *Rhesymeg*).

Y mae athroniaeth wleidyddol wrth gwrs yn rhan o athroniaeth ymarferol ac felly yn perthyn i faes cyffredinol moeseg. Felly fe berthyn athroniaeth wleidyddol yn bennaf i'r maes a gwyd o geisio ateb y cwestiwn: beth ddylwn ei wneud? I drin hanes athroniaeth wleidyddol o safbwynt athronyddol felly, y mae'n rhaid ceisio gofyn beth y mae'n ei gynnig mewn ateb i broblemau gweithredu dynol yn y gorffennol, yn awr ac yn y dyfodol. Wrth gwrs, nid problemau technegol – fel sut i adeiladu tŷ, a phroblemau arferion a moesau syml fel sut i groesawu gwesteion yn iawn ac ati – yn unig sydd gennym dan sylw yma ond problemau dwys sydd yn effeithio ar holl osgo a chwrs ein bywyd. Cwestiynau dwys o'r math yma yw: beth yw natur rhyddid?; a ydym yn gydradd?; a oes gwerthoedd cyffredin a all uno dynoliaeth?; beth yw natur dinasyddiaeth a phwy sy'n deilwng ohoni? Y mae'r rhain yn gwestiynau moesegol sydd hefyd yn rhan annatod o wleidyddiaeth. Wrth gwrs, nid yw canolbwyntio ar y problemau moesegol hyn yn cau allan yn llwyr y cwestiynau athronyddol eraill a nodwyd uchod. Gan fod y ffordd yr ydym yn ymddwyn yn dibynnu ar amgylchiadau a natur unigolion y mae problemau'n ymwneud â chwmpas a chynnwys ein gwybodaeth a gobeithion yr hil ddynol yn berthnasol iawn hefyd. Felly, wrth drafod hanes athroniaeth wleidyddol, y mae'n rhaid cadw golwg hefyd ar fathau a natur yr wybodaeth a hawlir a'r gobeithion a amlygir at y dyfodol. Nid yw'n athroniaeth wleidyddol dda os yw'n dibynnu ar ffeithiau anghywir neu'n rhoi darlun gwirion o'n dyfodol fel hil.

Bwriad hanes athroniaeth wleidyddol

Y pynciau sylfaenol yr wyf am eu trafod yma yw: beth yw natur hanes athroniaeth wleidyddol a'i phrif amcanion a pham felly y dylid ei hastudio? Un ateb posibl yw datgan mai cymhelliad hanes athroniaeth wleidyddol yw *chwilfrydedd* pur. Y ddadl yw mai rhan o'n hanian a'n cynhysgaeth fel hil ddynol yw dangos diddordeb mewn pethau o'n cwmpas. Ac y mae'r hyn sydd o'n cwmpas nid yn unig yn bod yn awr ond wedi bod mewn amseroedd cynt. Felly, i amgyffred ein hamgylchfyd fel bodau cymdeithasol y mae'n rhaid hefyd amgyffred ein hamgylchfyd fel yr oeddem. O'r safbwynt hwn y mae bod yn ymwybodol nawr yn golygu bod yn ymwybodol o'r gorffennol. Nid oes raid wrth gymhelliad mwy na hwn i ymddiddori mewn sylwadau gan bobl graff ar sut y dylid byw yn eu hoes hwy. Ac o gael yr wybodaeth hon y mae ein bywyd ni'n fwy diddan a phleserus. Y mae mwynhad mewn darganfod er ei fwyn ei hun. Nid oes raid felly chwilio y tu allan i hanes athroniaeth i gyfiawnhau ei hastudiaeth. Y mae'r astudiaeth yn ei chyfiawnhau ei hun. Yn yr ystyr hon y mae cyfiawnhad hanes athroniaeth yn cydymffurfio â syniad Aristoteles ynglŷn â phwysigrwydd segurdod neu amser hamdden ar gyfer athronyddu (*Politics*, 302; *Ethics*, 304)[1]. Y mae myfyrio ynddo'i hun yn un o'r prif bethau y gall dyn ei wneud. Y mae'n rhoi mwynhad sydd y tu hwnt i'r mwynhad a gawn mewn gweithredoedd a gwrthrychau eraill. Dylwn ganolbwyntio ar resymu er ei fwyn ei hun. Mewn athronydd fel Hegel fe geir yn y llonyddwch a'r myfyrio pur a rydd athronyddu diduedd argraff o fywyd parhaol.

Mae ateb arall yn bosibl. Yn wahanol i'r math uchod o hanes athroniaeth, sy'n pwysleisio dyrchafu'n meddyliau uwchben y byd presennol a'i wrthrychau, ceir agwedd arall at athroniaeth sydd yn nodi ei chysylltiad agos â'r byd sydd ohoni. Y mae gwahanol feysydd athroniaeth megis athroniaeth gwybodaeth a'r gwyddorau, moeseg, estheteg, diwinyddiaeth, y gyfraith a rhesymeg yn cael eu harfer yn y presennol gan arbenigwyr sydd yn aml iawn â phroblemau'r dydd o'u blaen. Y mae rhai o'u myfyrwyr a'u gwrandawyr eisiau atebion yn y fan a'r lle i'r problemau hyn. Y mae hyn yn arbennig yn wir am athroniaeth wleidyddol. Y mae'n anodd iawn i'r athronydd gwleidyddol ddweud wrth ei gynulleidfa: 'Tydw'i ddim ond yn myfyrio am sefyllfa neu wrthrych er ei fwyn ei hun, wrth gwrs, mae meddwl yn glir yn ddiben ynddo'i hun ond gellir disgwyl rhywfaint o ffrwyth ychwanegol gan yr athronydd. I'r dinesydd cyffredin mae materion o bwys y mae'n rhaid iddo ddygymod â hwy. Pa arweinwyr gwleidyddol y dylai ddangos ffydd ynddynt? A oes yna un yn fwy na'r llall sy'n haeddu'i bleidlais? A yw'r paratoadau at ryw fygythiad rhyngwladol neu'i gilydd yn angenrheidiol? Yn fy nhyb i nid yw'n iawn disgwyl i'r athronydd gwleidyddol roi atebion pendant i broblemau o'r fath ond, ar y llaw arall, nid yw'n annheg disgwyl rhywfaint o gyngor ynglŷn â sut y dylid mynd i'r afael â'r fath broblemau. Y mae myfyrio am wleidyddiaeth, i'm tyb i, yn rhan o'n gweithredu gwleidyddol.

Y mae'r unigolyn sydd yn gweithredu'n wleidyddol yn gwneud hynny yn ymwybodol fel rhan o draddodiad gwleidyddol (yn fwyaf cyffredin fel aelod plaid); wrth weithredu mae'n ymgorffori rhai syniadau arbennig. Y mae'r rhain yn syniadau y gellir eu pwyso a'u mesur yn ôl eu haddasrwydd a'u dilysrwydd. Dyma'n bendant waith athronyddol.

Athroniaeth Wleidyddol a hanes athroniaeth wleidyddol heddiw

Y mae athroniaeth yn ddiben ynddi'i hun ond hefyd y mae ei hangen, mi dybiaf, i fyw bywyd llawn – yn yr ystyr ddynol. Y mae angen athronyddu wrth drin natur a'r byd cymdeithasol yr ydym yn rhan annatod ohonynt – i sicrhau ein gwybodaeth (i'r graddau sy'n bosibl). Y mae angen athronyddu wrth gyfathrebu ag eraill mewn cymdeithas. Y mae cyfathrebu'n gymdeithasol yn dibynnu'n drwm ar arfer syniadau'n gywir – er enghraifft, wrth weithredu cytundebau, wrth geisio am swyddi, wrth fagu plant ac wrth ddod yn rhan o sefydliadau ac yn y blaen. Y mae'r unigolyn cyffredin sy'n gofyn i'w hun, 'Sut dylwn bleidleisio yn yr etholiad sydd ar ddod?' yn gorfod ymgymryd â rhywfaint o athronyddu i benderfynu pa ymgeisydd sy'n ymgorffori ei werthoedd orau. Wrth gwrs, fe geir achlysuron dwysach byth lle y mae'n anorfod i'r unigolyn athronyddu – wrth wynebu colli cyfaill, neu dderbyn iddo wneud camgymeriad, neu wrth wynebu argyfwng teuluol mawr. Ar yr achlysuron hyn y mae'n well athronyddu na pheidio ag athronyddu o gwbl neu wneud hynny'n wael.

Wrth weld presenoldeb a dilysrwydd athroniaeth yn ein bywyd pob dydd gellir gweld yn eglurach swyddogaeth bwysig ychwanegol hanes athroniaeth a hanes athroniaeth wleidyddol yn arbennig. Y mae athronyddu ein rhagflaenwyr eisoes wedi rhoi inni ddarlun o sut y mae unigolion a chymdeithasau wedi dygymod ag argyfyngau ac achlysuron cyffelyb. Trwy hyn fe ddaw hanes athroniaeth yn rhan o athroniaeth heddiw. Yn wir, y mae ymdrechion ein rhagflaenwyr i ddod i ben â phenblethau gwybodaeth a bywyd moesol a gwleidyddol yn fan cychwyn heb ei ail i athronyddu heddiw.

Tybiaf y gwelir hyn yn amlwg yn athroniaeth wleidyddol y Gorllewin heddiw. Gellir rhoi nifer o enghreifftiau diddorol o hyn. Fe dardd rhyddfrydiaeth y diweddar John Rawls (sydd yn gymaint o ddylanwad ar athroniaeth wleidyddol heddiw) o draddodiad damcaniaeth cytundeb cymdeithasol yn y cyfnod modern. Yn ôl ymeddylwyr fel Thomas Hobbes, John Locke a Jean-Jacques Rousseau, fe ellir dychmygu i'r gymdeithas sifil sydd ohoni godi o benderfyniad gwreiddiol ymhlith deiliaid y wlad i wneud i ffwrdd ag ansicrwydd ynglŷn â threfniadau cymdeithasol a'r ffordd o'u gwarchod, ac i gytuno ar fframwaith gwleidyddol a rydd i un unigolyn neu nifer arbennig o unigolion sofraniaeth gyfreithiol dros bawb. Gwêl John Rawls hon yn ffordd addas iawn o synio am fan cychwyn ein hymrwymiad i'r gymdeithas a'r wladwriaeth. Yn wir, cydnebydd Rawls fod ei theori o gyfiawnder yn adeiladu ar y traddodiad cytundeb cymdeithasol gan newid un neu ddau o'r manylion (Rawls, 1972, 11). Gellir gweld yn hawdd fod ei syniad ef o'r 'llen anwybodaeth' (*veil of ignorance*) yn cydymffurfio'n dda â'r syniad o'r sefyllfa naturiol a ragwelir gan Hobbes lle y mae pawb y tu allan i gymdeithas ddinesig yn gydradd. Adfywiodd Rawls y traddodiad ac athroniaeth wleidyddol fel maes yn saithdegau'r ganrif ddiwethaf drwy fod mor ddyfeisgar yn ailstrwythuro dadleuon Locke a Hobbes. Gwelir yr un strategaeth o weithio yng nghyd-destun hanes athroniaeth wleidyddol wrth i Rawls ymateb i athrawiaeth wleidyddol llesyddiaeth (Rawls, 1972, 22). Y mae'n portreadu'i athroniaeth o gyfiawnder fel ymateb i wendidau llesyddiaeth, yn arbennig y difaterwch y mae llesyddiaeth, yn ôl pob golwg, yn ei ddangos tuag at natur arbennig pob unigolyn a'i hawl i ryddid cyfartal.[2] Gwna Rawls i ffwrdd â chysyniad y llesyddwr fod y gymdeithas i'w gweld fel un corff unigol enfawr sy'n mwynhau graddau pleser y gellir (yn fras) eu mesur a'u macsimeiddio. Yn ei gysyniad ef o gyfiawnder cymdeithasol daw'r iawn o flaen y da, nid fel arall. Felly y sylfaen elfennol i Rawls yw rhyddid a chydraddoldeb pob unigolyn.

Gellir gweld syniad Rawls o ryddid mewn cyd-destun hanesyddol hefyd. Dibynna'r syniad yn fawr ar syniadau blaenorol John Stuart Mill ac Isaiah Berlin. Ei ymlyniaeth wrth eu syniadau hwy o ryddid a'i galluogodd ac a'i gorfododd i gefnu ar lesyddiaeth.

Rhyfel cyfiawn

Man arall lle y gwelir olion amlwg hanes athroniaeth wleidyddol ar athroniaeth wleidyddol heddiw yw yn y drafodaeth ynglŷn â rhyfel cyfiawn. Rhoddwyd cryn sylw i'r pwnc hwn yn y degawd diwethaf oherwydd y rhyfel yn Irac. Ceir gwahaniaeth dybryd rhwng rhai sylwebyddion ynglŷn â chyfiawnder y rhyfel. Myn rhai mai rhyfel cyfiawn ydoedd ac eraill mai rhyfel anghyfiawn ydoedd a ddaw â niwed i'r ymgyrchwyr. Un o'r dylanwadau pwysicaf ar y ddamcaniaeth fel y deëllir hi heddiw yw'r athronydd o'r Unol Daleithiau, Michael Walzer. Y mae ei lyfr *Just and Unjust Wars* a gyhoeddwyd yn 1977 yn glasur cyfoes ar y pwnc. Yn ôl Walzer, yr hyn a'i sbardunodd i lunio'r gyfrol oedd ei brofiad o adwaith pobl America i'r rhyfel yn Fietnam a'u hadwaith gwahanol i ryfel 'chwe diwrnod' Israel yn erbyn y gwledydd Arabaidd yn 1967. Yn ei lyfr ceisiodd Walzer egluro'i gasgliad fod y naill ryfel (Fietnam) yn anghyfiawn a'r llall (y rhyfel 'chwe diwrnod') yn gyfiawn. Dywed Walzer yn y rhagair mai ei fwriad pennaf yn y llyfr oedd ailafael ar draddodiad y rhyfel cyfiawn 'i ddamcaniaeth wleidyddol a moesol' (xxviii). Edrychai yn ôl ar syniadau pwysig athronwyr cynt fel Maimonides, Acwin, Vitoria i drin y pwnc. Fel arbenigwr yn y maes, yr oedd yn ddiddorol gweld Walzer ymhen ugain mlynedd yn beirniadu penderfyniad George W. Bush i lansio ail ryfel yn erbyn Irac ar ddechrau'r ganrif hon.

Ond daeth yn amlwg nad ei ddehongliad ef yw'r unig ddehongliad o'r traddodiad 'rhyfel cyfiawn' gan i sawl sylwebydd wrthwynebu dadansoddiad Walzer a chasglu bod y traddodiad yn arwain yn gwbl sicr at y penderfyniad mai rhyfel cyfiawn ydoedd yn y diwedd am fod Irac o dan Saddam Hussein yn bygwth heddwch y Dwyrain Canol a'r byd. Ymhlith yr amlycaf o'r sylwebyddion o blaid y rhyfel yr oedd Jean Bethke Elshtain.

Un o'r ffigurau mwyaf dylanwadol yn hanes y ddysgeidiaeth 'rhyfel cyfiawn' yw Awstin Sant. Y mae dehongliad o'i athrawiaeth ef yn y maes yn codi problemau dwys sydd eto heddiw yn effeithio sylfaen y ddadl. Ymdrinia Awstin â'r mater o safbwynt ei gredoau Cristionogol a chan gychwyn o'i gred mai bod *pechadurus* yw dyn. Yn ei farn ef ni ellir disgwyl ymddygiad perffaith gan ddyn: y mae rhyfel yn rhan o'n cyflwr fel bodau meidrol a'n tueddiad anochel at bechod. Er nad ydwyf yn derbyn o bell ffordd ddarlun Awstin o gyflwr dyn, mae'n rhoddi ei fys ar rai o agweddau pwysicaf ein profiad. Gwahaniaetha Awstin rhwng y ddwy deyrnas y perthyn dynoliaeth iddynt, sef y ddinas ddynol ddiriaethol y trigwn ynddi yn awr a'r ddinas barhaol, dinas Duw. Er mai'n prif fwriad yw cyrraedd dinas Duw – y ddinas tu hwnt i angau – ni ellir ond ei chyrraedd trwy ddilyn Duw yn y bywyd meidrol. Gan nad yw'n hawdd gwneud hynny – hyd yn oed drwy fyw ein bywyd gyda golwg ar y bywyd tragwyddol a ddaw – dim ond y lleiafrif detholedig fydd yn cyrraedd yr oes dragwyddol ar ôl marwolaeth. Y mae'r gwahaniaeth hwn rhwng y ddwy ddinas yn caniatáu i Awstin weld ein profiad o safbwynt diddorol newydd. Yn y byd sydd ohoni ni ellir disgwyl hapusrwydd a bodlonrwydd llwyr – y mae'n rhaid cydnabod ein gwendidau a'n drwgweithredoedd. Felly, wrth anelu at heddwch y ddinas barhaol, y mae'n rhaid derbyn heddwch ansicr, amherffaith ac ysbeidiol y ddinas ddynol. Y mae'n rhaid cydnabod bod rhyfel yn rhan annatod o'r bywyd amherffaith meidrol. Er bod yr heddwch a geir yn y byd yn rhannol ac yn annigonol dylid ei dderbyn er mwyn sicrhau'r ddinas fydol. Y mae gan y wladwriaeth yr hawl i ddisgwyl ein hufudd-dod gan ei bod yn ein diogelu rhag suddo i gyflwr sy'n waeth eto. Y mae'r ddinas fydol yn well na dim dinas o gwbl. Felly dylid croesawu ymdrechion ein llywodraeth i gadw trefn a'i chefnogi, o dro i dro os bydd yn penderfynu bod rhyfel yn anorfod. O safbwynt yr heddychwr mae hwn yn gasgliad trist, wrth gwrs, ond fe osododd Awstin seiliau dylanwadol i'r ddysgeidiaeth rhyfel cyfiawn yn ei athroniaeth.

Mynnodd yn ei ddysg y dylid penderfynu ar ryfel ond â chalon drist. Yn ei farn ef ni ddaw unrhyw fwynhad i'r dyn doeth yn sgil rhyfel. Y mae'r dyn doeth yn drist nid am mai rhyfel ydyw ond am mai rhyfel cyfiawn ydyw y mae'n rhaid ei ymladd. Ni ddylid cyrchu rhyfel yn ei farn ef fel anturiaeth fawr ond fel dyletswydd ddiflas. Y mae'r dyn doeth bob tro'n foesol anfodlon ar yr ymgyrch filwrol, a'i obaith yw y daw i ben cyn gynted â phosibl (19.7 861/929 cyfieithiad Dyson).

Er bod Awstin yn aml yn cael ei ddynodi fel yr athronydd a ddechreuodd yr athrawiaeth o ryfel cyfiawn, nid yw'n cydymffurfio'n llwyr â syniadaeth athronwyr yr athrawiaeth heddiw. Yn gyntaf, i nodi'r gwahaniaeth, rhydd Awstin bwyslais ar ansicrwydd y byd cyffredin yn ei gyfanrwydd. Nid yw'n maentumio y ceir hawl absoliwt i ryfela. Deillia'r hawl o'n cyfreithiau a'n harferion cymdeithasol lled-gyfiawn, sydd yn well yn ddiamheuol nag anhrefn a diffyg cyfraith – ond nad ydynt yn cyrraedd sicrwydd a sancteiddrwydd cyfiawnder y byd tragwyddol sydd i ddod. Y mae'r arweinydd sy'n cynnal rhyfel cyfiawn yn rhan o amherffeithrwydd a drygioni dyn: nid yw'n cynnig ateb iddynt. Nid yw rhyfel cyfiawn hyd yn oed yn mynd i ychwanegu at y daioni yn y byd. Y mae'r nodyn amheus a thywyll hwn am natur rhyfel yn un y dylid ei ystyried bob tro wrth bwyso a mesur moesoldeb rhyfel. Y mae'n wybodaeth a ddaw yn unig o astudiaeth drylwyr o hanes athroniaeth wleidyddol. I'm tyb i, ni welir yr amheuaeth a'r ansicrwydd hwn yng ngwaith Michael Walzer (a oedd serch hynny yn erbyn yr ail ryfel yn Irac – 2002) nac ychwaith yn ysgrifau Jean Bethke Elshtain, a ddadleuodd o blaid y rhyfel hwnnw, gan drin yr ymgyrchu fel rhan o ddyletswydd yr Unol Daleithiau tuag at y byd. Y mae hi'n mynnu bod 'pob trais yn drasiedi. Ond mwy o drasiedi byth fyddai gadael i anghyfiawnder erchyll a drwgweithredoedd enbyd ddigwydd heb eu cosbi' (Elshtain, 54). Ond i Awstin nid oes cyfiawnder llwyr i'w gael yn y byd. Er i'r ddau awdur ddyfynnu Awstin fel rhan o'u hetifeddiaeth ac fel ysbrydoliaeth iddynt, wrth ddarllen Awstin yn fanylach gellid cael cyngor tra gwahanol i'r neges a geir yn y gweithiau cyfoes hyn.

Ceisiais ddangos yma fod astudio hanes athroniaeth wleidyddol yn ein galluogi i wneud athroniaeth wleidyddol yn well heddiw. Ffordd fwy pigog o roi'r casgliad hwn yw mynnu bod astudio hanes athroniaeth yn angenrheidiol i athronyddu'n dda. Yn fy nhyb i, mae athronyddu'n dda, ar yr un pryd, yn athronyddu ar hanes athroniaeth. Y mae athronyddu'n rhan o lif hanesyddol lle y mae syniadau'n cael eu bathu, eu profi a'u harfer yn ddilys. Ni all yr un athronydd ymgymryd â'r dasg o athronyddu o'r cychwyn un, fel petai heb gymryd unrhyw sylw o'r hyn a ddigwyddodd eisoes yn y maes. Y mae hyd yn oed yr athronwyr hynny sy'n mynnu 'dechrau o'r dechrau' unwaith eto – fel Martin Heidegger yn yr ugeinfed ganrif – yn sicr o geisio lleoli eu syniadau newydd yng nghyd-destun y maes sy'n bodoli'n barod. Fe ddaliodd Heidegger, er enghraifft, ei fod drwy anwybyddu'r traddodiad modern a ymgorfforwyd yn null a rhesymeg Descartes, yn troi'n ôl at y traddodiad cyn-Socrataidd, lle'r oedd natur bod neu fodolaeth yn brif bwnc athroniaeth. Felly, y mae athroniaeth Heidegger – cwbl newydd, yn ôl pob sôn – o *Dasein* (bodolaeth ddiriaethol mewn amser) yn dwyn ei hystyr orau wrth gofio sut y gwelai athronwyr cynnar Groeg natur ein profiad. Wrth gwrs, y mae pwysigrwydd athroniaeth Heidegger a'i ddylanwad ar syniadau gwleidyddol yn ddadleuol ond y mae ei ymdrech i droi athroniaeth i gyfeiriad newydd yn tynnu sylw at bwynt sy'n codi o'r dadansoddiad hwn. Gellir mynnu bod pob athroniaeth o bwys yn driniaeth newydd ar bwnc hanes athroniaeth. Ni cheir newydd-deb a gwreiddioldeb mewn athroniaeth ond trwy ddehongli'r traddodiad, a thrwy gysylltu ag ef, ailgydio ynddo a'i feistroli. Y mae'r cyfraniad newydd yn bwysig oherwydd iddo'i drwytho ei hun yn y traddodiad ac ar yr un pryd ein dwyn i gyfeiriad annisgwyl.

Os gwneud hanes athroniaeth yn y ffordd gywir yw athronyddu, beth mae'r ysgolhaig wrthi'n ei wneud sydd yn gweld ei swyddogaeth fel egluro'n union yr hyn a ddadleuodd athronydd (neu athronwyr) gwleidyddol cynt? Ceir llawer enghraifft o'r math yma o waith: heddiw y mae hanes athroniaeth gyda'i gyfnodau arbennig yn faes ynddo'i hun. A yw gwaith yr arbenigwyr hyn yn ddiwerth? Nac ydyw, wrth gwrs. I ganolbwyntio a meistroli athronwyr cynt y mae'n rhaid meddu ar safbwynt athronyddol addas. Ni ellir egluro dadleuon athronyddol heb athronyddu eich hun. Felly, y mae gan yr hanesydd athronyddol ddwy rôl. Yn gyntaf, mae'n cynnig defnydd ar gyfer athronyddu gan eraill trwy gyflwyno safbwynt newydd ar drafodaeth gynharach, ac yn ail, y mae'r hanesydd yn anorfod yn cyfleu ei athroniaeth wleidyddol ei hun. Er enghraifft, yr oedd llyfr C. B. Macpherson ar Hobbes, Locke a'u rhagflaenwyr, *The Theory of Possessive Individualism*, yn gyfraniad i athroniaeth wleidyddol eiddo a democratiaeth, gan iddo nid yn unig roi trefn ddiddorol ar syniadau'r awduron hyn ond hefyd ddehongliad treiddgar o ddefnydd y syniad o eiddo yn athroniaeth wleidyddol Lloegr yn yr ail ganrif ar bymtheg. Daeth y syniad o eiddo yn fyw i genhedlaeth newydd o athronwyr wrth i Macpherson ddehongli'r syniad modern o eiddo fel agwedd bwysig ar y gyfundrefn gyfalafol. Wrth gwrs, nid hon yw'r unig ffordd o ddehongli'r syniad o eiddo, ac yn ôl pob tebyg, nid oedd y ddau athronydd yn uniongyrchol yn ceisio hybu'r gyfundrefn gyfalafol fel y mae'n gyfarwydd i ni heddiw; serch hynny, ysgogodd astudiaeth Macpherson ar feddwl dwys newydd am y syniad o eiddo a'i ddylanwad yn yr oes fodern. Y mae astudiaethau mwy diweddar Margaret Canovan ar Hannah Arendt, a Jan Mueller ar Carl Schmitt hefyd yn gyfraniadau pwysig i athroniaeth feirniadol yn y cyfnod cyfoes. Wrth ddarllen llyfrau Canovan a Mueller deuwn i ddealltwriaeth well o'n cyflwr gwleidyddol yn awr.

Fel y dywed Hans-Georg Gadamer yn ei gampwaith *Wahrheit und Methode* (Gwirionedd ac Arddull): 'Rhan o gael profiad elfennol o athroniaeth yw ceisio deall clasuron syniadaeth athronyddol sydd yn hawlio amdanynt eu hunain feddiant ar wirionedd na fedr ymwybyddiaeth oes ddiweddarach na'i wrthod na'i drosgynnu. Efallai fod hunan-dyb naïf y presennol yn gwrthryfela yn erbyn y syniad fod ymwybyddiaeth athronyddol yn cydnabod y posibilrwydd fod ein dirnadaeth athronyddol ni yn salach na'r eiddo Platon neu Aristoteles, Leibniz, Kant neu Hegel. Fe allai rhywun dybio mai gwendid yw ymgais athroniaeth gyfoes i ddehongli ac ymgorffori ei hetifeddiaeth glasurol gyda'r cyfaddefiad hwn o'i gwendid hi ei hun. Ond yn ddiau y mae'n wendid llawer gwaeth i syniadaeth athronyddol wrthod wynebu'r fath hunanarchwiliad ond yn hytrach chwarae bod yn Faust. (Yr oedd Faust yn brif gymeriad enwog mewn drama o'r un enw gan y dramodydd Almaenig Johann Wolfgang Goethe. Y mae Faust yn herio'r cyffredin a moesau'r oes a hyd yn oed yn gwneud cytundeb â'r diafol – Meffistoffeles.) Mae'n amlwg, o ddeall testunau'r athronwyr mawr, y daw rhyw wirionedd yn hysbys na ellid bod wedi ei sicrhau mewn unrhyw fodd arall, hyd yn oed os yw hyn yn gwrthddweud y meini prawf ymchwil a chynnydd a ddefnyddia gwyddoniaeth i'w mesur ei hun'(Gadamer xxii). (Y mae gwyddoniaeth yn datblygu ac yn gwella'n barhaus. Mewn gwyddoniaeth, ar y cyfan, y newydd sydd orau ac yn fwy tebyg o fod yn gywir. Ond nid yw hyn yn wir mewn athroniaeth nac yn y gwyddorau dynol yn gyffredinol. Y mae rhai elfennau o athroniaeth yn gwrthsefyll prawf amser – yn barhaol.)

Y mae rhan annatod o'n gwybodaeth o gymdeithas yn codi o'n profiad o'r gymdeithas honno. Y mae ein gwybodaeth am wleidyddiaeth heddiw yn deillio'n rhannol o'n profiad o wleidyddiaeth fel gwylwyr. Ond ni allwn weld popeth. Nid oeddem yma pan ddaeth ein byd gwleidyddol i fodolaeth yn y lle cyntaf. Nid oeddem yn bodoli ychwaith pan ddiwygiwyd ein bywyd gwleidyddol yn sylfaenol (e.e., adeg y Chwyldro Ffrengig, 1789-99). Y mae'n rhaid inni felly ddibynnu ar wybodaeth ac ymateb cyfoedion y digwyddiadau hyn. Yr oedd yr athronwyr clasurol fel Platon, Aristoteles a Cicero yn byw yng nghyfnod genedigaeth y gyfundrefn wleidyddol; yr oedd Hobbes, Locke, Rousseau, Kant a Hegel yn byw yng nghyfnod twf y gymdeithas fwrgeisaidd ryddfrydol sydd o'n cwmpas o hyd. Ceisia'r meddylwyr hyn yn eu dadansoddi amgyffred y byd oedd ohoni yn eu cyfnod hwy. Darlun haniaethol o'r byd a roddir na ellir byth ei ailadrodd. Yn yr un modd nid oes unrhyw baentwyr yn mynd i ailadrodd yn llwyr ddawn Rembrandt neu Vermeer i drosglwyddo i ni gymeriad a bywiogrwydd yr wyneb dynol yn eu portreadau. Rhoddir yn eu gwaith enghreifftiau o artistiaeth wych sydd yn fodel i genedlaethau i ddod. Fel y ceir yr wybodaeth gelfyddydol fwyaf dwys yn y campweithiau hyn, yn yr un modd ceir gwybodaeth athronyddol heb ei hail yn y canon o hanes athroniaeth wleidyddol. Ni allwn ddyblygu'r wybodaeth honno yn ein hoes ni ond gallwn ei chadw'n fyw, a thrwy hynny roddi sail i athroniaeth gymwys heddiw. Y mae'r clasuron yn fan cychwyn anhepgor. Ac o'u disgrifio a'u dehongli, deuwn yn fwy ymwybodol o'r hyn sydd yn rhaid ei gyflawni'n awr.

Y mae Gadamer yn disgrifio'r hyn y ceisiwn anelu ato drwy hanes athroniaeth wleidyddol mewn ffordd wych. Cyfleir y disgrifiad yma yn ei gysyniad trawiadol o 'gyplysu' neu 'ymdoddi gorwelion' (*Horizontverschmelzung*, 306). Bwriad yr athronydd wrth ddadansoddi dysgeidiaeth athronydd safonol a fu yw creu ymwybyddiaeth o orwelion yr awdur. Y mae'n rhaid dod i adnabod yn drylwyr fframwaith neu ffordd o weld y gwrthrych. (Gwelir yr un safbwynt wrth gwrs yn nhrafodaeth Rawls o hanes athroniaeth wleidyddol.) Nid gosod ein fframwaith ni heddiw ar ffordd o weld y gwrthrych yw'r bwriad ond yn hytrach dod â'n fframwaith ni i gysylltiad ffrwythlon â'r fframwaith cynt. Fel yma deuwn i barchu meddylfryd ein gwrthrych a chael y gorau ganddo. Trwy gydol y broses yr amcan yw dysgu oddi wrth yr athroniaeth a ddadansoddir a throsglwyddo i genhedlaeth heddiw ffrwyth llafur yr athronydd. Y mae'n rhaid derbyn yn ein gwaith ymchwil y posibilrwydd mai'r gwrthrych ac nid y ni, yr haneswyr athronyddol, sy'n gywir. Ond ni ellir gwneud hyn mewn modd cwbl ddiniwed; o reidrwydd fe fydd olion ein safbwynt (ein gorwelion) ar y dadansoddiad. Ond wrth gyrraedd cyplysiad addas o'n safbwynt athronyddol ni a safbwynt y gwrthrych daw i'r golwg holl ysblander gwaith yr athronydd gwreiddiol. Yn ôl Gadamer, pan ddigwydd hyn y mae'n anodd datgysylltu'r gwaith athronyddol gwreiddiol oddi wrth y gwaith athronyddol a wneir gan y dadansoddwr heddiw (Weinberger xi). Ni ddylai fod sicrwydd llwyr ynglŷn â'r llais a glywn: ai Kant a glywn wrth ddehongli ei athroniaeth feirniadol heddiw neu lais y dehonglwr? Nid cymysgedd anghywir yw hyn ond hanes athroniaeth a wnaethpwyd yn gywir. Daw syniadau'r athronydd a astudiwyd yn fyw i'r fath raddau fel mai'r argraff a gawn yw ein bod yn darllen athroniaeth newydd. Ond a dweud y gwir, nid athroniaeth newydd ydyw ond newydd-deb a gwreiddioldeb parhaol y gwaith athronyddol clasurol. Wrth ddod â'r gwreiddioldeb a'r newydd-deb hwn i'r golwg dengys yr hanesydd athronyddol hefyd wreiddioldeb. Rhaid wrth wreiddioldeb i ddatgelu gwreiddioldeb. Dim ond yn nrych athroniaeth ei hun dros amser y daw athroniaeth wreiddiol i'r amlwg.

A yw hyn yn bosibl am y rheswm nad ffeithiau y mae athroniaeth yn eu dysgu ond ffordd o feddwl – ac y mae rhai enghreifftiau yn y gorffennol o'r ffordd hon o feddwl sydd yn unigryw a phwysig tu hwnt? Gellir dadlau nad oes neb byth eto'n mynd i athronyddu yn union yr un ffordd â Platon neu Hobbes. Cyfuniad arbennig yw eu syniadau o dueddiadau a hanes syniadol eu hoes, eu personoliaeth hwy eu hunain a'u dyfeisgarwch gyda'r defnydd crai hwnnw. Y mae cyflwr dynoliaeth yn newid o gyfnod i gyfnod ond gall gwaith athrylithgar athronwyr fel Platon a Hobbes ddysgu rhywbeth newydd i bob oes. Deuwn i ychwanegu gwybodaeth newydd mewn athroniaeth wleidyddol wrth ddilyn olion eu traed a mynd â'r llwybr athronyddol i gyfeiriad newydd.

Nodiadau

[1] Fel y dywed Aristoteles, 'the activity of the intellect is felt to excel in the serious use of leisure, taking as it does the form of contemplation, and not to aim at any end beyond itself' (*Ethics*, 302).

[2] 'Utilitarianism does not take seriously the distinction between persons', John Rawls, *A Theory of Justice* (Rhydychen: Gwasg Prifysgol Rhydychen, 1972) t. 27.

Llyfryddiaeth

Aristoteles (1998), *Moeseg Nicomachaidd,* cyfieithwyd gan John Fitzgerald (Caerdydd:Gwasg Prifysgol Cymru)

Awstin Sant, *City of God* (Caergrawnt: Gwasg Prifysgol Caergrawnt)

Canovan, Margaret (1992), *Hannah Arendt: A Reinterpretation of Her Political Thought* (Caergrawnt: Gwasg Prifysgol Caergrawnt)

Elshtain, Jean Bethke (2003), *Just War Against Terror* (Efrog Newydd: Basic Books)

Foucault, Michel (2008), *The Birth of Biopolitics* (Basingstoke: Palgrave Macmillan)

Foucault, M. (1991), *The Foucault Reader,* golygwyd gan Paul Rabinow (Harmondsworth: Penguin)

Gadamer, Hans-Georg (1999), *Truth and Method* (Llundain: Sheed & Ward)

Macpherson, C. B. (1962), *A Theory of Possessive Individualism* (Rhydychen: Gwasg Prifysgol Rhydychen)

Mueller, Jan-Werner (2003), *A Dangerous Mind: Carl Schmitt in post-war European Thought* (New Haven: Gwasg Prifysgol Yale)

Rawls, John (1972), *A Theory of Justice* (Rhydychen: Gwasg Prifysgol Rhydychen)

Rawls, J., *Lectures on Political Philosophy* (Boston: Gwasg Prifysgol Harvard)

Skinner, Quentin (1978), *The Foundations of Modern Political Thought* (Caergrawnt: Gwasg Prifysgol Caergrawnt)

Weinberger, Joel C. (1985), *Gadamer's Hermeneutics* (New Haven: Gwasg Prifysgol Yale)

Gafael Rhyfel Cyfiawn ar y Meddwl Modern

Cyfiawnhau Rhyfel yn Efengyl Tangnefedd John Rawls

Huw Williams

B U FARW'R ATHRONYDD O'R Unol Daleithiau, John Rawls, yn ôl yn y flwyddyn 2002. Pery ei fri yn bennaf oll yng nghyswllt cwestiwn cyfiawnder, er iddo addysgu a myfyrio ar ofyniadau athronyddol eraill drwy gydol ei yrfa. Er gwaethaf y diddordebau eraill yma fe dreuliodd fwy neu lai'r cyfan o'r deng mlynedd ar hugain wedi cyhoeddiad ei gampwaith *A Theory of Justice* yn amddiffyn, neu yn manylu ar, ei syniadau ar gyfiawnder cymdeithasol. Yn y traddodiad Eingl-Americanaidd fe'i hystyrir gan nifer yn feddyliwr canonaidd, i'w osod ochr yn ochr â'r cewri, megis Mill, Locke a Hobbes. Ceir mesur o'i ddylanwad yn y llenyddiaeth doreithiog sy'n trafod ei waith, ac yn fwy diweddar, yn ymdrechion eraill i dorri cwys newydd, gan ddechrau trwy fwrw eu hannel at waith Rawls (gweler, er enghraifft, gyfrol ddiweddar Amartya Sen).

Gwireb ydyw, felly, fod Rawls yn eilun neu'n gocyn hitio i nifer helaeth o feddylwyr heddiw. Ac eithrio mawredd ei waith, mae yna resymau eraill pam y cafodd gymaint o effaith hirdymor. Mae'n ddi-os bod amseru yn hollbwysig. Erbyn cyhoeddiad ei lyfr cyntaf yn 1971, roedd maes athroniaeth wleidyddol – yn yr academi Eingl-Americanaidd yn arbennig – yn gymharol ddiffaith. O dan ddylanwad positifiaeth fe ystyrid gwleidyddiaeth yn gynyddol fel maes i'w astudio megis gwyddoniaeth, yn hytrach na phwnc i'w ddatgelu gan drafodaethau moesol. Roedd athronwyr ar y llaw arall wedi dod i amau'r gred fod meysydd megis gwleidyddiaeth a moeseg yn gymwys i'w dadansoddi'n rhesymegol, ac wedi troi eu golygon yn fwyfwy at gwestiynau cyfyngach ynglŷn ag iaith a synnwyr geiriau. O ganlyniad, cynigiai Rawls yr her amlycaf mewn cenhedlaeth i awdurdod llesyddiaeth ym maes athroniaeth wleidyddol.

Peth anodd, mae'n debyg, yw cyfleu'r effaith drawsnewidiol a gafodd Rawls ar y pwnc. Os awgrymir gan A. N. Whitehead y gellir cymeriadu'r traddodiad athronyddol Ewropeaidd fel cyfres o droednodiadau i Platon, yna gellid hawlio mai troednodiadau i waith Rawls yw hanes athroniaeth wleidyddol (o leiaf yn y byd Eingl-Americanaidd) byth ers cyhoeddiad ei lyfr cyntaf. Ymddengys yn ogystal, o leiaf i fyfyriwr yn y maes, fod merwino Marcsiaeth fel athroniaeth â'r hygrededd i ddarbwyllo wedi chwarae rhan. Yn wir, mae'r stryffaglu yn yr oes sydd ohoni i ddarganfod atebion i ddiffygion cyfalafiaeth yn rhwym o fod yn adlewyrchiad ymarferol o'r dirywiad cyffredinol yn syniadaeth radicalaidd y chwith. Yn y gwagle syniadaethol yma, Rawls yw un o'r ychydig leisiau credadwy i gynnig egwyddorion grymus ac uchelgeisiol er mwyn lliniaru sgil effeithiau gwaethaf cyfalafiaeth.

Mae hanes personol Rawls yn cynnig nid yn unig awgrym o darddiad ei syniadaeth egalitaraidd, sy'n plethu i raddau helaeth â'r traddodiad democratiaeth gymdeithasol yn Ewrop, ond hefyd yn dadlennu'r effaith a gafodd rhyfel ar ei fywyd personol ef – dylanwad nid amherthnasol yng nghyd-destun y bennod hon. Fe'i ganwyd yn Baltimore yn 1921, dinas yng ngogledd-orllewin yr UD a 40% o'r boblogaeth yn ddu, a nifer o bobl wyn ddifreintiedig yn ogystal. Yr oedd y cefndir yma, a dau ddigwyddiad o dristwch mawr yn ei blentyndod, wedi sicrhau bod Rawls yn fuan yn ymwybodol o anghyfiawnderau bywyd a dylanwad anffawd ar yr unigolyn (yn ogystal felly â'r ddadl foesol o blaid llywodraeth yn gweithredu i leddfu dylanwad y grymoedd yna sydd y tu hwnt i'n gafael). Pan oedd yn blentyn, bu farw ei ddau frawd iau, ill dau o heintiau a gawsent gan John. Bu ef yn ddigon cryf i oresgyn difftheria, ac yna niwmonia, ond mae'n debyg iddo ddioddef atal dweud byth wedi marwolaeth ei frodyr.

Erbyn 1943, pan listiwyd Rawls i'r fyddin, roedd yn fyfyriwr yn Princeton ac yn ystyried gyrfa yn yr offeiriadaeth esgobaethol. Byddai'r profiad o ryfel yn ergyd drom i'w ffydd. Cofia wylltio'n llwyr â bugail Lutheraidd a geisiai gysuro'r milwyr drwy bregethu bod Duw yn anelu eu bwledi at y Siapaneaid, ac yn eu hamddiffyn rhag bwledi'r gelyn. Cofia hefyd farwolaeth anffodus ei ffrind ar ôl i'r ddau gael eu galw i wirfoddoli – un i roi gwaed a'r llall i fynd i ysbïo ar y Siapaneaid. Rawls oedd â'r math cywir o waed ac felly ei ffrind, Deacon, a aeth gyda'r Cyrnol i ysbïo. Cafodd ei daro'n gelain gan fortar.

Cyfaddefai Rawls i'r digwyddiadau hyn, a'r amhosibilrwydd o ddeall yr Holocost, ei droi i ffwrdd oddi wrth grefydd, a thuag at athroniaeth. Ac eto gwelir yn ei waith yr ysbryd Cristnogol a'r gred yn iachawdwriaeth yr unigolyn. Byrdwn ei athroniaeth mewn un ystyr yw lliniaru'r anfanteision a'r problemau a wynebir gan gynifer o bobl o ganlyniad i ffactorau sydd y tu hwnt i'w rheolaeth – megis magwraeth, doniau naturiol, neu anffawd. Nid bwriad Rawls yw arddel athroniaeth gynhwysol, fetaffisegol yn lle Cristnogaeth, ond yn hytrach ceisio'r prosiect cyfyngach o amlinellu *egwyddorion cyfiawnder cymdeithasol*. Egwyddorion rhyddfrydol eu naws ydynt, i ganiatáu i bobl o bob ffydd, a phob lliw a llun gyd-fyw mewn cymdeithas egalitaraidd a chyfiawn, lle y medrant gyrraedd eu potensial a dilyn eu dewis gred – beth bynnag y bo.

Yn hytrach na myfyrio yn awr ar ei syniadau yng nghyddestun y gyfundrefn wladol, y bwriad yw ceisio mynd i'r afael â'i driniaeth o wleidyddiaeth ryngwladol, ac yn benodol ei gysyniad o Ryfel Cyfiawn. Dyma faes, a phwnc penodol, sy'n cael eu hystyried yn ymylol gan y mwyafrif yng nghyd-destun athroniaeth Rawls, er iddo drafod y pwnc yn ei lyfr cyntaf, a chyhoeddi cyfrol yn y maes ehangach yn 1999, sef *The Law of Peoples*. Bwriad y bennod yw amlinellu sut y mae Rawls yn cynnig dehongliad diddorol ac unigryw o bwnc sydd wedi dwyn diddordeb cynyddol yn sgil yr arfer o ymyrraeth ddyngarol yn y nawdegau a rhyfeloedd diweddar Affganistan ac Irac.

Ac eto, er mwyn rhoi gwrandawiad teg i'w syniadau, a gwerthfawrogi eu llawn ystyr, rhaid yn gyntaf feddu ar ddealltwriaeth o'i ddull cyffredinol o athronyddu. Fe ddechreuaf felly gydag amlinelliad bras o'i fethodoleg athronyddol a rhai o'i gysyniadau allweddol, cyn symud ymlaen i esbonio sut y traethir y fethodoleg a'r syniadau yma yn y cyd-destun rhyngwladol. Yna, fe fydd yr elfennau sy'n ymestyn y tu hwnt i'r esboniadol yn cynnig beirniadaeth o driniaeth Rawls o ryfel, a rhai sylwadau ar yr hyn a ystyriaf yn agweddau siomedig, peryglus hyd yn oed, ar ei safiad.

Dadleuaf fod clodfori Rawls o'r syniad o ryfel cyfiawn, ar yr olwg gyntaf, yn tynnu'n groes i dueddiadau ei safbwynt heddychlon ac iwtopaidd ar wleidyddiaeth ryngwladol – un sydd wedi ei drwytho yn syniadaeth Immanuel Kant, a delfryd hwnnw o 'heddwch tragwyddol'. Yn ogystal, myfyriaf am ychydig ar bwysigrwydd sefydlogrwydd athrawiaeth rhyfel cyfiawn yn yr oes sydd ohoni – nid yn unig mewn trafodaethau athronyddol, ond hefyd erbyn hyn mewn trafodaethau cyhoeddus ac yn y wasg. Adlewyrchir y 'gafael' yma ar ein safbwynt cyfunol gan athroniaeth Rawls, ac yn hynny o beth mae ei syniadaeth ef yn un arall y gall rhyfelgwn ei defnyddio i amddiffyn eu hagweddau ymosodol. Gan gofio'r ymdrechion ffuantus i gyfiawnhau Rhyfel Irac, rhaid codi'r cwestiwn erbyn hyn, i ba raddau y mae gafael y cysyniad yma ar ein dealltwriaeth o ryfel yn flaengar ac yn iach?

Beth yw ein gobeithion tymor hir o fyw mewn byd heddychlon – iwtopia realistig, fel y'i gelwir gan Rawls – pan fo'r weithred o ryfel yn cael ei hystyried yn weithred gyfiawn?

Athroniaeth Wleidyddol Rawls

Yr arfer, wrth drafod athroniaeth Rawls, yw dechrau gyda'r cysyniad sydd yn greiddiol i gynifer o'i ddadleuon, sef y safle gwreiddiol (*original position*). Dyma arbrawf y meddwl, er mwyn ein galluogi i lunio egwyddorion cyfiawnder. Eto, fe ddadlennir pethau pwysicach, yn fy marn i, drwy ystyried *dull* Rawls o athronyddu a'i dybiaeth ynglŷn â'r hyn sy'n rhoi cynsail i'w syniadau: y cyfiawnhad dros ei syniad o gyfiawnder, fel petai.

Er bod ôl llaw llawer athronydd o'r canon gorllewinol yn amlwg ar ei waith, mae Rawls yn feddyliwr yr ugeinfed ganrif, yn yr ystyr ei fod yn cefnu ar y syniad y gellir seilio athroniaeth wleidyddol ar syniadau metaffisegol neu grefyddol. Nid yw'n ceisio athroniaeth sy'n cynnig dealltwriaeth fewnfodol, gyfannol o natur ddynol a'r byd o'n cwmpas, fel sail i'w egwyddorion creiddiol. Mae'n ymwrthod â'r hyn a alwodd Lyotard yn 'Grand Narrative' – materoliaeth Hobbes neu Marx, delfrydiaeth drosgynnol Kant, llesyddiaeth Bentham a Mill, neu'r amryw grefyddau – neu yn hytrach ei osgoi. Nid edrychai am syniad hanfodol o ddynol ryw fel sail neu gyfiawnhad o athroniaeth wleidyddol (yn wir, diben ei waith yw amlinellu athroniaeth wleidyddol a allai goleddu'r holl naratifau hyn – dyna a ddynodir gan ei ddisgrifiad o'i ddamcaniaeth fel un 'wleidyddol' yn hytrach nag un fetaffisegol). Yr her sy'n wynebu Rawls, felly, yw creu cynsail gadarn ar gyfer yr egwyddorion gwaelodol yr ydym am i ddinasyddion gwladwriaeth eu rhannu, yn ogystal â gwladwriaethau'r byd – ond heb ddibynnu ar gysyniadau mwy hanfodol ynglŷn â'r natur ddynol.

Yn nhyb Rawls, mae unrhyw ddamcaniaeth foesol sydd o wir bwys ac o ddilysrwydd cadarn yn gorfod cymuno â'n tybiaethau a'n gwerthoedd beunyddiol, yn ogystal â gwneud synnwyr ohonynt. Hynny yw, mae damcaniaeth wleidyddol, sydd i Rawls yn un math o ddamcaniaeth foesol, yn meddu ar seiliau cadarn a chyfiawnhad pan yw'n ein galluogi i fynegi a beirniadu ein syniadau ystyriol (*considered judgements*) ynglŷn â gwleidyddiaeth. Dim ond pan fydd damcaniaeth yn cydbwyso â'r tybiaethau hyn y gellir ei hystyried yn ddamcaniaeth sydd â gwir sail a chyfiawnhad. Mae'r esboniad gorau imi ddod ar ei draws o'r cysyniad yma o 'gydbwysedd myfyriol' (*reflective equilibrium*) yn eiddo i Pettit a Kukathas. Cyfeiriant at y modd y myfyriwn ar iaith a gramadeg. Er mwyn deall yr iaith a ddefnyddiwn mewn modd strwythuredig, er mwyn ei dadansoddi a'i chloriannu, rhaid wrth system ramadegol sy'n cynnwys rheolau ac egwyddorion. Fe fydd gramadeg dilys a gwerth chweil yn esbonio wrthym sut y caiff iaith ei chyfansoddi, gan ganiatáu inni werthuso'r iaith a ddefnyddiwn; mewn achosion pan fydd yr iaith yn anghyson â'r rheolau bydd yn tynnu ein sylw naill ai at ddefnydd o iaith, neu at reol neu egwyddor, y mae angen eu hailystyried a'u diwygio. Yn yr un modd, fe fydd unrhyw ddamcaniaeth foesol ddilys a gwerth chweil yn taflu goleuni ar ein syniadau ystyriol, yn rhoi trefn arnynt, ac yn caniatáu inni werthuso ein gweithredoedd beunyddiol; mewn achosion pan fydd y syniadau a'r gweithredoedd yma'n anghyson â'r egwyddorion, bydd yn tynnu ein sylw naill ai at syniad a gweithred, neu at egwyddor, y mae angen eu hailystyried a'u diwygio. Rhaid ymdrechu yn y broses yma o ddiwygio ac ailystyried nes bod y ddamcaniaeth mewn cyflwr o 'gydbwysedd myfyriol'.

Yn hyn o beth, os ydym am gyffelybu agwedd gyffredinol Rawls at athroniaeth ag unrhyw ffigur hanesyddol, i'm meddwl i ac eraill, Hegel yw hwnnw. Byrdwn athroniaeth Hegel, trwy olrhain hanes *Geist*, ac adrodd datblygiad yr enaid hwnnw dros amser, oedd amlygu'r rhesymoledd – *reason* – a fodolai yn y cyfredol. Yn benodol dadleuai Hegel fod y wladwriaeth fodern yn endid a ymgorfforai resymoledd, lle y gallai *Geist* – trwy berthynas dyn â'i amgylchedd – fod *bei sich* (gyda'i hun), yn gartrefol, ac ar ei ffurf fwyaf datblygedig. Yn yr un modd, mae Rawls yn edrych ar y syniadau, yr endidau a'r sefydliadau sydd ohoni, ac yn ystyried mai swyddogaeth athroniaeth i raddau helaeth yw mynegi eu rhesymoledd, a lle nad yw'r rhesymoledd yna'n hysbys, ei ddadlennu, neu adnabod y diffygion moesol a mynd i'r afael â nhw.

Mae'n debyg fod agwedd fwy beirniadol i'w athroniaeth nag a geir gan Hegel, yn yr ystyr fod Rawls yn cydnabod y bydd myfyrio athronyddol yn dangos bod rhai o'n tybiaethau a'n syniadau ystyriol yn anghywir, a bod gwir angen eu hailystyried. Ond y maen prawf dechreuol wrth feddwl am egwyddorion gwleidyddol yw'r syniadau ystyriol hynny sy'n bodoli yn barod – ein rhesymoleg leyg, fel petai. Darganfyddir y syniadau hyn yn feunyddiol yn ein sefydliadau, trafodaethau, gwleidyddion, y cyfryngau, ac yn y blaen – ein 'diwylliant cyhoeddus gwleidyddol' (*public political culture*).

Sut felly y mae Rawls yn mynd ati i greu damcaniaeth wleidyddol sydd yn ateb ei ofyniad o gymuno â'r syniadau ystyriol yma? Rhaid crybwyll mai bwriad Rawls yn y cyd-destun gwladol yw chwilio am egwyddorion cyfiawnder yn benodol ar gyfer cymdeithas ryddfrydol ddemocrataidd – a nodweddir gan yr Unol Daleithiau a gwledydd eraill yn y byd gorllewinol. Y gofyniad felly yw fod yr egwyddorion hyn yn mynegi'r syniadau ystyriol hynny sy'n bodoli o fewn diwylliant gwleidyddol y cymdeithasau yma, ac yn ein galluogi i osod safonau moesol pendant ar eu cyfer.

Yn y cyd-destun yma y cyflwynir ei gysyniad allweddol o'r safle gwreiddiol. Cysyniad haniaethol ydyw, sydd ym marn Rawls yn disgrifio'r amodau delfrydol ar gyfer dewis egwyddorion cyfiawnder. Ynddo rhaid dychmygu unigolion y tu ôl i len anwybodaeth (*the veil of ignorance*). Mae'r unigolion hyn yn meddu ar resymoledd a hefyd ar syniad o'u buddiannau a'u hunan-les, ond fe'u hamddifadwyd o unrhyw wybodaeth ynglŷn â'u lle o fewn cymdeithas, eu credoau personol, eu talentau a'u cyfoeth. Hynny yw, fe'u hamddifadwyd o unrhyw wybodaeth y gellid ei defnyddio i sicrhau bod yr egwyddorion dewisedig o'u plaid nhw yn bersonol. Gan nad oes wybodaeth ganddynt ynglŷn â natur eu buddiannau a'u lle o fewn cymdeithas, y dewis rhesymegol fydd sicrhau bod yr egwyddorion dewisedig yn ddiduedd ac yn bleidiol i bawb. Yn nhyb Rawls, adlewyrchai rhesymoledd hunanlesol yr unigolion y pwyslais a roddir o fewn cymdeithas ryddfrydol ar unigoliaeth, a blaenoriaeth hawliau a rhyddid yr unigolyn, tra bod eu diffyg gwybodaeth yn adlewyrchu'r gred mewn tegwch a thriniaeth ddiduedd i bawb. Hynny yw, mae'r safle gwreiddiol, fel dyfais ar gyfer penderfynu egwyddorion gwaelodol cymdeithas, yn adlewyrchu'r syniadau ystyriol pennaf sydd yn bodoli o fewn ein diwylliant gwleidyddol cyhoeddus.

Mae'r cysyniad creiddiol yma yn ymgorffori rhai o'n greddfau mwyaf sylfaenol ynglŷn â thegwch a chyfiawnder. Amlygir hyn trwy gyfatebiaeth fras â thraddodiad sydd yn rhan o hanes ein cenedl ni. Droeon, wrth geisio esbonio'r cysyniad, mae eraill wedi tynnu fy sylw at y gymhariaeth â'r arfer hynafol yng Nghymru o rannu'r etifeddiaeth. Wrth fynd ati i ddosbarthu tir y tad rhwng y meibion byddai'r tir yn cael ei rannu gan y mab ieuengaf – a'r mab hwnnw a gâi'r dewis olaf. Wrth reswm felly, gan na wyddai pa ddarn o dir a fyddai'n etifeddol iddo, y dewis rhesymegol oedd rhannu'r darnau o dir mewn modd diduedd ac egalitaraidd. Yn yr un modd, gan nad yw'r unigolion yn y safle gwreiddiol yn ymwybodol o'u buddiannau na'u hadnoddau, rhaid sicrhau bod cyfoeth ac adnoddau cymdeithas yn cael eu rhannu a'u dosbarthu mewn modd egalitaraidd sy'n fanteisiol i bawb. Canlyniad trafodaeth ddychmygol Rawls, y tu ôl i'r llen anwybodaeth, yw'r ddwy egwyddor adnabyddus er mwyn rheoli'r dosbarthiad o hawliau ac adnoddau o fewn cymdeithas – a sicrhau bod pawb yn derbyn y buddion angenrheidiol i fyw eu bywyd dewisedig. Yn eu ffurf derfynol fe'u cyflwynir fel a ganlyn:

1. Mae gan bob unigolyn yr un hawl anniddymadwy i drefniant digonol o ryddfreiniau sylfaenol cyfartal, a'r trefniant hwnnw'n gydnaws a'r un trefniant i bawb.
2. Mae'n rhaid i anghyfartaledd cymdeithasol ac economaidd fodloni dwy amod:
   a) Mae'n gymwys i swyddi a safleoedd sy'n agored i bawb, o dan amodau o gyfle cyfartal teg;
   b) Mae o'r budd mwyaf i aelodau lleiaf breintiedig cymdeithas.

Yn fras mae'r egwyddor gyntaf yn amddiffyn yr hyn a elwid yn draddodiadol y rhyddfreiniau 'nacaol', sydd yn amddiffyn yr unigolyn rhag y bygythiad o ymyrraeth yn ei fywyd beunyddiol. Mae'r ail egwyddor, at ei gilydd, yn sicrhau bod gan bob unigolyn y cyfleoedd a'r adnoddau megis addysg, gofal iechyd ac incwm, i sicrhau eu rhyddfreiniau 'positif'; hynny yw, y galluoedd hanfodol er mwyn gwireddu eu dyheadau. Rhydd Rawls drefn eiriadol ar yr egwyddorion, yn yr ystyr fod yn rhaid i unrhyw gyfundrefn sicrhau bod egwyddor 1 yn cael ei gweinyddu'n gyflawn cyn mynd i'r afael ag egwyddor 2a), ac yn y blaen.

Cyfraith y Bobloedd

Cyflwyniad bras a chwbl anfoddhaol yw hwn o agweddau pwysicaf athroniaeth wleidyddol Rawls. Eto, mae'n gosod cynsail er mwyn deall sut y trawsgyweirir ei syniadau allweddol i'r cyd-destun rhyngwladol – a sut y mae ei gysyniad o ryfel cyfiawn yn cyd-fynd â'i athroniaeth ehangach. Yn yr un modd â'r cyd-destun gwladol, mae eto'n troi at y diwylliant gwleidyddol cyhoeddus i sefydlu egwyddorion ar gyfer y drefn ryngwladol yn unol â gofyniadau 'cydbwysedd myfyriol' – hynny yw, y syniadau ystyriol y mae gwledydd y byd yn eu rhannu yng nghyd-destun gwleidyddiaeth ryngwladol. Ac eto, yn yr un modd ag yn y cyd-destun gwladol, mae'n dychmygu safle gwreiddiol yn y cyd-destun rhyngwladol ar gyfer gwledydd rhyddfrydol – neu'r hyn y mae'n ei alw yn 'bobloedd ryddfrydol'. Yn y safle gwreiddiol yma mae cynrychiolwyr o'r bobloedd yn meddu ar resymoledd a syniad o fuddiannau eu gwladwriaethau, ond fel yn y cyd-destun gwladol mae yna len o anwybodaeth yn eu hamddifadu o fanylion ynglŷn â maint eu gwlad, eu hadnoddau, lefel cyfoeth, ac yn y blaen. Nid oes modd iddynt felly ddewis egwyddorion ar gyfer y gymdeithas ryngwladol sydd wedi eu gwyro o'u plaid. Ym marn Rawls, fe fyddai'r cynrychiolwyr yn gytûn ar wyth egwyddor sylfaenol sydd yn cynrychioli hanfodion cyfansoddiadol Cyfraith y Bobloedd. Mae'r gyfraith hon yn sail gyfansoddiadol i 'Gymdeithas y Bobloedd' – trefn ryngwladol y mae Rawls yn credu ei bod yn adlewyrchu gwerthoedd blaengar a dyheadau ein byd cyfoes, a threfn hefyd sydd o fewn ein cyrraedd. Am y rheswm yma, fe'i gelwir gan Rawls yn 'iwtopia realistig'. Adlewyrcha'r egwyddorion werthoedd traddodiadol y drefn ryngwladol, yn ogystal â rhai o'i harferion mwy diweddar. Ar eu ffurf gryno, mae'r egwyddorion yn gorchymyn bod pobloedd:

1. yn rhydd ac yn annibynnol
2. yn parchu cytundebau
3. yn gydradd
4. i barchu dyletswydd o anymyrraeth
5. â'r hawl i hunanamddiffyniad
6. i barchu hawliau dynol
7. i ymddwyn o fewn cyfyngiadau penodol mewn rhyfel
8. â'r ddyletswydd i gynorthwyo pobloedd anghenus

Fodd bynnag, cyfraith ryddfrydol yw hon, ymysg y bobloedd ryddfrydol, a rhaid cydnabod natur arbennig y sefyllfa ryngwladol lle y mae nifer o wledydd nad ydynt yn rhyddfrydol eu natur, ac yn arddel systemau gwleidyddol gwahanol. Yn nhyb Rawls fe fydd rhai gwledydd, y rheini y mae'n eu galw'n bobloedd degweddol (*decent peoples*), yn cytuno i'r un egwyddorion â phobloedd ryddfrydol, er gwaethaf eu gwahaniaethau mewnol – megis, er enghraifft, pobloedd Foslemaidd. Fe fydd rhai, fodd bynnag, yn bodoli y tu hwnt i ffiniau'r gyfraith – yn bennaf y rheini na allant warchod hawliau eu dinasyddion oblegid eu cyflwr anghenus, a'r rheini sydd yn elyniaethus tuag at y gyfraith ac yn ymosodol – herw-wladwriaethau (*outlaw states*). Bwriad tymor hir aelodau Cymdeithas y Bobloedd yw ceisio ehangu'r nifer o aelodau a thrwy amryw ffyrdd ymdrechu i ddod â'r lleill i drefn. Y nod yw cymuned ryngwladol heddychlon, a chyfiawn, lle na fydd na rhyfel na thlodi. Fel y cydnebydd gan Rawls wrth gyflwyno ei waith, yr ysbrydoliaeth am y delfryd yma yw athroniaeth Immanuel Kant a delfryd hwnnw o heddwch parhaus. I ddyfynnu, "The basic idea is to follow Kant's lead as sketched by him in *Perpetual Peace* and his idea of *foedus pacificum*" (Rawls, 1999: 10). Yn wir, mae'n gorffen gyda'r geiriau:

'If a reasonably just Society of Peoples ... is not possible, and human beings are largely amoral, if not incurably cynical and self-centred, one might ask, with Kant, whether it is worthwhile for human beings to live on the earth' (Rawls, 1999: 126).

Nid yw Rawls yn cyd-fynd â'r ddelwedd nacaol a digalon o ddynol ryw a geir gan y realwyr yn nhraddodiad Hobbes, Schmitt a Morgenthau. Seilir gobaith Rawls o gyrraedd cyflwr o iwtopia realistig ar ei ffydd yn y natur ddynol, a natur heddychlon pobloedd ddemocratig a gwâr, gan gyfeirio at ddamcaniaeth heddwch democrataidd. Gan ddechrau gyda syniadaeth Kant, dadleua rhai megis Michael Doyle nad yw gwladwriaethau democrataidd yn ymosod ar ei gilydd – ac mae ein hanes rhyngwladol yn dadlennu hyn. Trwy hybu pobloedd sydd â threfn fewnol gyfiawn, un ddemocrataidd neu degweddol, hybir hefyd drefn ryngwladol fwy heddychlon a sefydlog.

Ond, nid yw Rawls yn gymaint o ddelfrydwr nad yw'n barod i gydnabod bod yna rai sydd am darfu ar yr heddwch a gwadu ei bod yn bosibl i'w cymdeithas gymodi â chyfraith y bobloedd. Y rhain yw'r herw-wladwriaethau, cymdeithasau sy'n bodoli y tu hwnt i'r gyfraith ac yn fodlon ymosod ar eraill er hunan-fudd – boed yn faterol, gwleidyddol neu ysbrydol. Dyma graidd y broblem ar gyfer yr hyn a alwaf yn efengyl tangnefedd John Rawls. Oherwydd y bygythiad parhaol yma, ceir yn yr wyth egwyddor greiddiol ddwy sydd yn ymdrin â rhyfel. I'ch atgoffa:

Rhif 5: Mae gan bobloedd yr hawl i hunanamddiffyniad, ond nid oes hawl i gychwyn rhyfel am unrhyw reswm arall.

Rhif 7: Mae'n ddyletswydd cadw at rai cyfyngiadau penodol mewn rhyfel.

Mae'r ddwy egwyddor yn ymdrin â gwahanol agweddau ar ryfel – y naill *jus ad bellum,* sef cyfiawnder y rhesymau dros fynd i ryfel, a'r llall *jus in bello,* sef cyfiawnder ymddygiad yn ystod rhyfel. Fel y cydnebydd Rawls ei hun, nid oes fawr o wreiddioldeb yn ei ddehongliad o'r egwyddorion hyn, ac yn gyffredinol mae'r gorchmynion y mae'n eu hamlinellu yn cyd-fynd â gwaith athronwyr eraill megis Michael Walzer.

Canolbwyntiaf yn bennaf ar yr egwyddor gyntaf, ond mae un pwynt yn gymwys i'r ddwy, sef ei bod yn ymddangos yn y lle cyntaf fel Rawls, trwy gydnabod egwyddorion o'r fath yn rhan o Gyfraith y Bobloedd, yn sefydlu rhyfel *yn rhan o'r drefn ryngwladol.* Mae rhyfel – fel gweithred o hunanamddiffyniad – yn cael ei ddyrchafu'n weithred gyfiawn, yn yr un modd ag egwyddorion megis cynorthwyo'r amddifad, neu amddiffyn hawliau dynol. Yn ogystal, yn nehongliad Rawls o'r egwyddor o *jus in bello,* mae yna gyfiawnhad dros ladd dinasyddion diniwed oblegid 'Eithriad yr Argyfwng Neilltuol'. Oherwydd natur y fath argyfwng (megis y cyfnod 1941-1942 yn yr Ail Ryfel Byd) rhaid derbyn yn nhermau Rawls fod y weithred yma o ladd y diniwed mewn rhai achosion yn cydymffurfio ag egwyddorion rhyfel cyfiawn. Teilwng yw myfyrio ar y ffaith fod un o athronwyr mawr ein hoes, sydd wedi cysegru ei fywyd i arddel tegwch a hawliau'r unigolyn, ac i bregethu'r syniad o iwtopia realistig a'r delfryd o heddwch parhaus, yn ystyried rhyfel yn gymaint rhan o'r drefn, fel ei fod yn arddel yr hawl i ryfela yn rhan o'i ddamcaniaeth ar gyfiawnder rhyngwladol.

Mae agwedd Rawls yn nodedig yn ogystal os ystyriwn ei athroniaeth o safbwynt dylanwad cydnabyddedig Kant ar ei waith. Mae Kant yn un o'r nifer cymharol fychan o athronwyr sydd wedi portreadu rhyfel amddiffynnol mewn modd amgen na gweithred gyfiawn. Mae lle felly i ddadlau nid yn unig fod triniaeth Rawls o ryfel yn destun rhywfaint o syndod, o ystyried ei amcanion a'i agweddau heddychlon, ond ymhellach ei bod yn anghyson â gweddill ei athroniaeth Kantaidd. Pan fo Rawls yn dadlau ei bod yn bosibl i wlad alw ar yr hawl i hunanamddiffyniad fel achos cyfiawn dros ryfel, mae Kant yn gwadu bod unrhyw weithred o ryfel yn gyfiawn, gan alw'r rhai sy'n amddiffyn y syniad yn 'gysurwyr Job'.

Iddo ef, lle nad oes Ffederasiwn sifil byd-eang yn bodoli – lle mae pob un wlad yn ei datgan ei hun yn aelod ac yn cyfrannu at ei ewyllys cyffredinol, unedig – nid oes yna gyfraith ryngwladol sydd â seiliau cadarn, na chyfraith sydd yn bodoli fel cyfraith cenedl. Heb gyfraith gyflawn, ryngwladol, mae'r herw-wladwriaeth yn bodoli y tu allan i awdurdodaeth cyfraith – ac yn absenoldeb cyfraith ni ellir ystyried gweithred yn gyfiawn ac yn fater o hawl yn nhyb Kant. O achos hyn, yn ei feddwl ef, mae rhyfel yn y byd sydd ohoni yn weithred sy'n cwympo tu allan i awdurdodaeth y gyfraith bob tro – hyd yn oed os yw'r rhyfel hwnnw yn un amddiffynnol. Nid yw'n gyfystyr â chosbi herwr o fewn y wladwriaeth ac felly nid oes modd datgan bod rhyfel yn gyfiawn.

Yn nhyb Rawls, fodd bynnag, ystyrir y weithred o amddiffyn cenedl yn erbyn herw-wladwriaeth yn gyfiawn, ac felly mae'r dewis o ryfela yn un moesol gywir. Er gwaethaf y cymhlethdodau athronyddol yn safiad y ddau, hwn yw cyferbyniad sylfaenol a chraidd yr achos. Ac mae hyn nid yn unig yn wahaniaeth damcaniaethol ond yn wahaniaeth sydd â goblygiadau ymarferol pellgyrhaeddol yn ôl Kant: mae byd lle yr ystyrir rhyfel yn weithred foesol yn un fwy peryglus ac ymladdgar, gan fod gwleidyddion yn gallu defnyddio'r cysyniad yma i gyfiawnhau rhyfel. Gall fod yn weithred y mae'r gymdeithas ryngwladol yn ei goddef, hynny yw, fe ellir ei chyfiawnhau – ond mae hyn yn wahanol iawn i ddatgan ei chyfiawnder. Ni ddylai rhyfel o dan unrhyw amodau gael ei ystyried yn ddewis moesol hawdd neu gyfforddus i'r gwladweinydd. Ni ddylai chwaith fod yn esgus i fynd i ryfel o dan amodau amheus. Yn ogystal, er bod rheolau *jus in bello* yn cymell ymddygiad sydd yn llai anghyfiawn, ni ddylent ddatgan chwaith fod lladd yn weithred gyfiawn.

Myfyrio a Chydbwyso

Ceir yn y dadansoddiad blaenorol sail i feirniadaeth o safiad Rawls. Yn gyntaf oll, mae'n bosibl ei feirniadu am anghysondeb, yn yr ystyr ei fod yn arddel syniadaeth Kantaidd, un sydd yn dyheu am heddwch parhaus, ond eto yn hepgor un o nodweddion athroniaeth wleidyddol ryngwladol Kant – sef ei feirniadaeth o'r syniad o ryfel cyfiawn. Yn ei dyb ef, y cyfan a wnâi meddylwyr fel Grotius a Vattel oedd cynnig gogwydd positif ar sefyllfa resyn. Nid yw Kant yn gwadu bod rhyfel amddiffynnol yn anghenraid mewn ambell sefyllfa o wir argyfwng, ond nid yw am funud am geisio cyfiawnhau'r weithred fel un gyfiawn. Er bod rhywfaint o drafod wedi bod ynglŷn ag agwedd Kant at ryfel, ac yn wir mae Roger Scruton wedi ceisio cysoni ei safiad â'r rhyfel yn

Irac, y mae beirniadaeth Kant o'r meddylwyr hyn yn hysbys yn ei erthygl ar heddwch parhaus. Mae'n feirniadaeth deg felly ar Rawls pan ddywedir y dylai o leiaf fod wedi esbonio ei safiad ar ddadl Kant, a pham ei fod mor barod i dderbyn y syniad o ryfel cyfiawn, yn rhan o'i athroniaeth wleidyddol sydd yn dyheu am heddwch. O safbwynt Kantaidd felly, ymddengys fod yna densiwn sylfaenol rhwng daliadau delfrydol Rawls a'i obaith am heddwch parhaus ar y naill law, ac yna ei gofleidio digwestiwn o ryfel fel gweithred gyfiawn ar y llaw arall.

Ymhellach, mae digwyddiadau'r degawd diwethaf yn awgrymu bod Kant yn llygad ei le ynglŷn â goblygiadau'r defnydd o'r cysyniad o ryfel cyfiawn. Un o nodweddion y drafodaeth am Ryfel Irac, nid yn unig o du gweinyddiaeth George Bush, ond hefyd yn yr academi, oedd yr amryw ymgeisiau i gyfiawnhau'r weithred hon yn nhermau athrawiaeth Rhyfel Cyfiawn. Byrdwn y ddadl hon oedd ceisio ymestyn yr egwyddor o hunanamddiffyniad i gwmpasu 'ergyd ataliol' – hynny yw, bod modd disgrifio 'taflu'r garreg gyntaf' fel gweithred gyfiawn pan fo tystiolaeth fod y wladwriaeth honno ar fin ymosod. Yn hytrach, felly, nag annog gwleidyddion i osgoi rhyfel ar bob cyfrif, mae athrawiaeth Rhyfel Cyfiawn yn yr achos yma yn cael ei defnyddio i ddilysu ymddygiad ymosodol a rhyfelgar. Mae parodrwydd Rawls i gofleidio rhyfel cyfiawn yn arwyddocaol. Mae'n codi cwestiynau cyffredinol am ei ddull o athronyddu. Pan gyhoeddwyd ei lyfr cyntaf, i lawer un fe nodweddid ei syniadau gan yr hyn a ystyrir yn gydraddoldeb blaengar a radicalaidd. Mae yna rai hyd heddiw sydd yn dadlau bod Rawls yn cynnig beirniadaeth sylweddol o'r gymdeithas gyfalafol. Fodd bynnag, mae ei agwedd at ryfel cyfiawn yn dadlennu natur geidwadol, gonfensiynol ei athroniaeth.

Os galwn i gof ddull athronyddol Rawls, mae yna resymeg wrth law am ei safiad, os nad esboniad cwbl gymeradwy. Fel yr esboniwyd eisoes, mae Rawls yn troi at y diwylliant gwleidyddol cyhoeddus am sail i'w ddamcaniaeth foesol. Wrth droi, nid yn unig at waith academaidd, ond hefyd at ysgrifau mwy poblogaidd dros yr hanner canrif diwethaf, rhaid cydnabod bod y syniad o ryfel cyfiawn wedi mynd o nerth i nerth, ac wedi tynhau ei afael ar y meddwl modern.

Gellir olrhain y cynnydd yma i'r chwedegau a'r diddordeb athronyddol a sbardunwyd gan Ryfel Fietnam a'r Rhyfel Chwe Diwrnod yn y Dwyrain Canol. Yn y cyfnod hwnnw, roedd nifer wedi troi at hen bynciau yn y cyfreithiau ynghylch rhyfel a'u trafod mewn cyd-destun modern. Y bwriad gan sawl un oedd beirniadu rhyfel Fietnam. Yn wir, mae'n debyg i Rawls gynnal dosbarthiadau ar y pwnc yn 1969, a dadlau yn erbyn yr orfodaeth ar y myfyrwyr gwannaf i listio (mae'r unig drafodaeth ar wleidyddiaeth ryngwladol yn TJ yn canolbwyntio'n benodol ar y dadleuon o blaid gwrthwynebiad cydwybodol). Ac eto, roedd nifer o'r rheini a oedd yn gwrthwynebu Rhyfel Fietnam yn gefnogwyr i Israel, ac felly'n awyddus i ddadlau bod rhyfel yn gyfiawn *mewn rhai achosion.*

Fel y gwyddoch, mae gwreiddiau'r cysyniad i'w ddarganfod yng ngwaith diwinyddion Cristnogol y Canol Oesoedd, cysyniad a etifeddwyd ac a gyflwynwyd ar ffurf seciwlar gan gysurwyr Job megis Vattel, a'i syniad o gyfraith y cenhedloedd. Ceir y datganiad cyfoes mwyaf adnabyddus yng ngwaith Walzer, *Just and Unjust Wars*, lle y gwna yn hysbys y confensiynau cyfoes sydd, yn ei farn ef, yn datgan cyfiawnder rhyfel. Sail y cysyniad cyfreithiol modern o ryfel cyfiawn, yn ei dyb ef, yw'r gyfatebiaeth â'r gyfraith wladol, a'r cosbi am droseddau dwyn a llofruddio. Yn fras, ymosodiad gan wladwriaeth arall yw'r unig gyfiawnhad dros ryfel, gan mai gweithred o dorcyfraith ydyw. Fel y gwelwyd eisoes, y cysyniad cyfreithiol yma sy'n cael ei fabwysiadu gan Rawls yn ddigwestiwn – ac ar waethaf y ffaith ei fod yn cyferbynnu â'r traddodiad Kantaidd.

I osod rhesymeg Rawls gerbron, felly, gellir ymateb drwy

ddadlau bod y syniad o ryfel cyfiawn erbyn heddiw yn un o bwyntiau sefydlog ein diwylliant gwleidyddol rhyngwladol. Yn unol â gofynion cydbwysedd myfyriol, fe ddylai unrhyw ddamcaniaeth foesol − boed yn ddamcaniaeth ar wleidyddiaeth wladol neu ryngwladol − gymuno â'r pwyntiau sefydlog sy'n bodoli yn y diwylliant gwleidyddol yma. O'r herwydd, mae'n anghenraid o safbwynt methodoleg athronyddol Rawls fod ei ddamcaniaeth ryngwladol yn cynnwys rhyw ddehongliad o athrawiaeth Rhyfel Cyfiawn, sydd wedi datblygu cymaint dros yr hanner canrif diwethaf ac sydd bellach yn rhan o unrhyw drafodaeth ar ryfel. Pe bai Rawls yn gwrthod yr athrawiaeth yma, fe fyddai'n euog o anghysondeb yn ei athroniaeth wleidyddol ac yn anwybyddu'r syniadau ystyriol sy'n gynsail i'n bydysawd moesol yn ogystal â'n damcaniaethau.

Yn hytrach felly na chynnig beirniadaeth o'r athrawiaeth o ryfel cyfiawn, fel ei ragflaenydd Kant, mae'n derbyn y cysyniad fel rhan annatod o'r diwylliant gwleidyddol cyhoeddus. Am fod rhyfel cyfiawn wedi ei weu mor dynn ym mrethyn ein traddodiadau cyfunol, y mae Rawls yn ei drin fel un o'r pwyntiau moesegol sefydlog hynny nad ydynt yn agored i drafodaeth na beirniadaeth. Yn achos ei ddamcaniaeth wleidyddol wladol mae Rawls yn ystyried syniadau o ailddosbarthu cyfoeth ac adnoddau yn rhai sydd yn ddigon sefydlog, os ychydig yn ymylol, i'w crynhoi mewn egwyddorion gwaelodol. Yn y cyd-destun rhyngwladol, fodd bynnag, nid oes lle i syniad mor ymylol â gwrthodiad o ryfel cyfiawn − neu, mewn geiriau eraill, heddychiaeth. Mae hyn yn dangos nad radical greddfol mo Rawls, ac yn enghraifft o sut y mae ei ddull athronyddol yn un cymharol geidwadol. Mae ei ddull yn mynnu mai gwaith damcaniaeth foesol yw mynegi a diwygio syniadau sydd yn bresennol yn ein diwylliant − ond nid oes achos dros doriad radical oddi wrth y syniadau sydd yn bodoli, na chwyldroad yn ein meddwl ar unrhyw fater.

Ar y llaw arall, wrth feirniadu Rawls rhaid peidio â bod yn

annheg, ac mae angen cydnabod cyd-destun ei syniadau ar ryfel. Mewn amryw ffyrdd mae diwylliant rhyngwladol gwleidyddol sydd yn cydnabod a thrafod gofynion rhyfel cyfiawn yn welliant mawr ar y sefyllfa gynt. Mae'n amlwg yn *LP* mai un o resymau Rawls dros arddel y syniad yw'r erchyllterau a gafwyd yn ystod yr Ail Ryfel Byd. Mewn llinell sy'n llefaru'n huawdl, dywed fod yr hanes hwn yn dangos yr angen i gynnal safonau moesol a 'fine-grained distinctions' yng nghyswllt rhyfel, yn hytrach na gwadu bod lle iddynt o gwbl. Yn wir, ni all neb ddadlau bod y byd yn lle gwell pan fo o leiaf gydnabyddiaeth o agweddau mwyaf anfoesol rhyfel. Rhaid cydnabod hefyd fod Rawls yn ysgrifennu mewn cyfnod cyn i'w wlad ddechrau o ddifrif ar ei hanturiaethau tramor, a defnyddio egwyddorion rhyfel cyfiawn yn esgus am ei pholisïau ymladdgar.

Ymhellach, mae yna le i gwestiynu'r graddau yr oedd Rawls yn bwriadu inni ddeall ei egwyddorion rhyfel cyfiawn fel rhai tragwyddol, sy'n adlewyrchu'r drefn gyfreithiol ryngwladol ddelfrydol. Hynny yw, er bod yr egwyddorion hyn yn cael eu rhestru yn rhan o siartr ei gyfraith, efallai fod angen inni fod ychydig yn fwy ystyriol cyn dehongli ei safiad fel un sydd yn ymdebygu i feddylwyr fel Walzer – sy'n cyfleu'r syniad o ryfel fel rhan annatod ac anochel o'r drefn ryngwladol. Yr hyn sy'n gwahanu athroniaeth Rawls yn y cyd-destun yma yw'r agwedd iwtopaidd sydd yn perthyn i'w fyd-olwg. Hynny yw, fel y cydnabuwyd eisoes, mae Rawls yn credu y gall y ddynoliaeth symud tuag at heddwch parhaus, chwedl Kant, a hynny oherwydd ein gallu annatod i ddysgu'n foesol a chefnogi sefydliadau cyfiawn, sydd yn creu cynsail i fywyd gwell. Wrth gydnabod yr agwedd flaengar hon yn gefndir i'w syniadau, gallwn ailddehongli ei athrawiaeth rhyfel cyfiawn, nid fel egwyddorion parhaus, ond yn hytrach fel rhai dros dro y mae eu hangen i wireddu'r iwtopia fyd-eang yn y pen draw. Yn wir, mae trafodaeth Rawls o ryfel ynghyd â'i drafodaeth o wledydd anghenus wedi eu gwahanu o'i drafodaeth o'r egwyddorion eraill, gan eu bod yn cynrychioli egwyddorion o 'ddamcaniaeth annelfrydol' (*non-ideal theory*). Hynny yw, yn hytrach na thrafod y ddamcaniaeth ddelfrydol o natur a rhinweddau iwtopia'r dyfodol, trafodaeth ydyw o sut i gyrraedd yr iwtopia yma – o ystyried meini tramgwydd y byd sydd ohoni. Mae'r egwyddorion annelfrydol hyn yn rhai dros dro o angenrhaid, wedi eu llunio er mwyn ceisio sicrhau'r llwybr gorau tuag at y nod eithaf. O ddarllen athrawiaeth rhyfel cyfiawn Rawls drwy'r lens yma, ceir dehongliad tra gwahanol, gyda'r egwyddorion yn rhai o gyfraith drawsnewidiol a phob agwedd arnynt yn gweithio tuag at sicrhau heddwch. Yn hytrach nag ymgorffori egwyddorion cyfiawnder sy'n gydradd ag egwyddorion craidd, megis annibyniaeth pobloedd neu hawliau dynol, fe'u dehonglir fel egwyddorion i osod cyfyngiadau ar ymddygiad mewn sefyllfa o anghenraid – rhai a fydd yn ddiwerth pan fydd y delfryd wedi ei wireddu.

Mae agwedd Rawls yn tynnu ein sylw at y ffaith nad yw syniadau megis rhai Walzer yn cynrychioli pob traddodiad rhyfel cyfiawn. Yn wir, cam cadarnhaol fyddai cydnabyddiaeth ehangach o'r amrywiol safbwyntiau yn nhraddodiad Rhyfel Cyfiawn, yn enwedig o'i wreiddiau Cristnogol. Yn benodol, iach o beth fyddai ystyriaeth ddwys o safiad athronwyr megis Tomos Acwin, a oedd yn dechrau gyda'r ddealltwriaeth fod rhyfel yn weithred anfad. Trwy ddechrau gyda'r gosodiad yma, ni ellir amddiffyn rhyfel fel gweithred sydd yn gyfan gwbl gyfiawn. Ar rai achlysuron, yn benodol hunanamddiffyniad, mae modd dadlau bod rhyfel yn ddilys ac fe ellir ei gyfiawnhau. Ond nid oes byth y temtasiwn i fawrygu a dathlu rhyfel, nac i'w weithredu er budd a mawredd cenedl. Yng nghyd-destun gwaith Rawls, fe ellir dadlau ei fod yn agosach at y traddodiad yma er nad yw'n amlwg yn y lle cyntaf. Wedi'r cyfan, mae'n nodi o'r cychwyn bod rhyfel yn un o ddrygau mwyaf ein byd.

Fodd bynnag, er y gellid, o'r safbwynt yma, 'israddio' egwyddorion rhyfel cyfiawn oddi mewn i athroniaeth ehangach Rawls, y drwg yw fod ei safiad yn parhau i ganiatáu'r defnydd o'r term 'cyfiawn' yng nghyd-destun rhyfel – a dyna yw asgwrn y gynnen. Tra pery rhyfel yn 'gyfiawn' haws fydd hi i wleidyddion ddilysu tywallt gwaed ac i wladwriaethau ymddwyn mewn modd ymladdgar – yn enw rhyw achos ehangach. Er mai mater o semanteg ydyw yn y bôn efallai, mae'n wahaniaeth semantig â goblygiadau pellgyrhaeddol. Nid yw Kant a Rawls, yn fy nhyb i, mor bell o'i gilydd yn eu safiad ar ryfel, ac eto mae yna wahaniaeth mawr rhwng galw rhyfel yn gyfiawn a'i alw'n weithred na ellir byth ei hystyried yn gyfiawn, ond y gellir ei chyfiawnhau.

Casgliad

Er nad radical mohono, mae Rawls yn ei ddamcaniaeth ryngwladol, fel yn ei athroniaeth wladol, yn gyffredinol yn hyrwyddo'r gwerthoedd mwyaf teg, egalitaraidd a blaengar sy'n bodoli, trwy ei gysyniad o'r safle gwreiddiol. Mae'n cydnabod Kant a Rousseau fel ysbrydoliaeth ac yn arddel heddwch parhaus a chyfiawnder fel amcanion teilwng a phosibl yn y cyd-destun rhyngwladol. Nid oes modd gorbwysleisio'r graddau y mae Rawls yn coleddu rhai o'r syniadau mwyaf blaengar ym maes gwleidyddiaeth ryngwladol. Gorddweud yw galw ei 'gyfraith y bobloedd' yn efengyl tangnefedd, yn yr ystyr nad heddychwr pur ydyw, ond os ystyrir ei safiad a'i ddadleuon o'u cymharu â'r *norm* mewn gwleidyddiaeth ryngwladol – y realaeth ddienaid a'r parodrwydd i dderbyn trais yn rhan annatod o'r system – nid yw'r disgrifiad yma'n un cwbl amhriodol. Er nad yw'n arddel syniadau mor radical â gwladwriaeth fyd-eang neu drefn sosialaidd-gomiwnyddol, i gyfeiriad Rawls y byddai delfrydwr yn edrych am ysbrydoliaeth. Am y rheswm yma, pe bai rhywun yn disgwyl i un o'r meddylwyr cyfoes adnabyddus gynnig beirniadaeth o ryfel cyfiawn, Rawls fyddai hwnnw. Mae'r ffaith nad yw Rawls yn dilyn ei ragflaenydd Kant, gan wrthod mewn ffordd amlwg y defnydd o drais yn y system ryngwladol, a methu â beirniadu'r syniad o ryfel fel gweithred gyfiawn, yn enghreifftiau o gyfyngiadau ei fethodoleg athronyddol.

Mae hefyd yn brawf fod y cysyniad o ryfel cyfiawn, erbyn hyn, wedi ymsefydlu i gymaint graddau yn y diwylliant gwleidyddol cyhoeddus fel nas beirniedir hyd yn oed gan un o'n meddylwyr mwyaf delfrydol yng nghyd-destun y drefn ryngwladol. Er nad yw John Rawls yn heddychwr, ei waith ef sydd yn cynrychioli'r syniadaeth Kantaidd o 'heddwch parhaus' ar ei chryfaf yn yr academi heddiw. Ond er gwaethaf yr efengyl tangnefedd a goleddwyd gan ei 'gyfraith y bobloedd', nid oes ymgais ynddi i ddisodli'r syniad o ryfel fel gweithred gyfiawn. Gellir codi cwestiwn yn y cyd-destun yma ynglŷn â budd 'cydbwysedd myfyriol' Rawls. Yn sicr yn achos y cysyniad o ryfel cyfiawn nid yw'n arfer y math o feddwl beirniadol sy'n angenrheidiol i'w gwestiynu. Mae'n gwestiwn diddorol i'w godi, sut y byddai Rawls yn gallu cyfiawnhau gwrthodiad o athrawiaeth rhyfel cyfiawn petai wedi gorfod cydnabod ei gamddefnydd yn y degawd diwethaf. A'i gwestiynu sydd raid. Yn anffodus iawn, oherwydd eu safiad ar ryfel cyfiawn, mae athronwyr fel Rawls yn cynnig sail foesol ar gyfer rhyfeloedd fel y rheini yn Affganistan ac Irac, er gwaethaf y ffaith na fyddai ef ei hun yn gefnogol i'r penderfyniadau hyn. Gellir dehongli ei waith yn y fath fodd fel y byddai'n bosibl datgan bod y rhyfeloedd hyn yn weithredoedd cyfiawn, er nad yw Rawls yn rhyfelgar nac yn ymyrrwr wrth reddf. Mae byd lle y gall gwladweinydd dawelu ei gydwybod a hawlio bod cyfiawnder yn mynnu'r dewis o ryfel yn ymddangos i mi, o leiaf, yn fyd mwy ansefydlog a threisgar, lle na fydd heddwch na chyfiawnder yn ffynnu.

Cyfiawnder John Rawls ac annibyniaeth wleidyddol i Gymru

Gwenllian Lansdown Davies

Y N 1971 CYHOEDDODD JOHN Rawls *A Theory of Justice*, llyfr a ddaeth yn glasur ac a wnaeth ei awdur yn eilun rhyddfrydiaeth Americanaidd o fewn traddodiad y contract cymdeithasol. Yn y papur hwn yr wyf am ddadlau bod dealltwriaeth Rawls o'r cysyniad o gyfiawnder yn *A Theory of Justice* yn sail i ddadl dros annibyniaeth i Gymru, a byddaf yn dadlau bod modd i'r galw am annibyniaeth gael ei gyfiawnhau mewn termau rhyddfrydol.

Yn sicr, ni fyddai Rawls ei hun wedi dychmygu ymestyn ei egwyddorion i'r diben o gyfiawnhau dadl dros annibyniaeth gwlad nad yw ar hyn o bryd yn annibynnol. Serch hynny, ceir yng ngwaith Rawls ragdybiaeth ddealledig o hawl cenhedloedd i fodoli, yn wir o normalrwydd cenhedloedd fel rhan o drefn natur cymdeithas. Ni ellir yn hawdd felly daflu'r cyhuddiad fod Rawls yn ystyried cyfiawnder yn rhywbeth a all fodoli'n unig ymysg unigolion. Byddaf yn anwybyddu ei waith diweddarach lle y mae'n trafod gwleidyddiaeth a chyfiawnder rhyngwladol (yn *The Law of Peoples* er enghraifft), a byddaf yn canolbwyntio'n gyfan gwbl ar y testun craidd sydd wedi dod i ddiffinio'r dyn a'i ddysgeidiaeth. Byddaf yn cyfeirio'n gyson at rai o gysyniadau amlycaf Rawls a byddaf yn cyfieithu unrhyw ddyfyniadau a thermau i'r Gymraeg.

★

Nid yw annibyniaeth a chyd-ddibyniaeth yn gysyniadau sydd wedi eu polareiddio'n llwyr. A defnyddio esiampl seml, ystyriaf fy mod yn berson annibynnol ond eto rwyf yn cydnabod fy mod yn gwbl ddibynnol ar eraill o'm cwmpas mewn llu o ffyrdd syml a hefyd mewn ffyrdd mwy arwyddocaol (am gynhaliaeth emosiynol, yn broffesiynol, yn ysbrydol a.y.y.b). Hynny yw, mae bod yn ddibynnol yn brofiad naturiol pan fo rhywun yn annibynnol am nad oes un dyn na menyw sy'n gwbl annibynnol ar y byd a'i bethau.

Onid yw'r un peth yn wir am wledydd? Hynny yw, mae'r gwledydd honedig 'fawr', dyweder Unol Daleithiau'r America, yn ddibynnol ar wledydd eraill am bob math o gynhaliaeth a chymorth – yn ddibynnol ar rai gwledydd am gyflenwad cyson o olew; yn ddibynnol ar Tsieina am gyflenwad cyson o ddoleri; yn ddibynnol ar weddill y byd am gyflenwad cyson o bobl i boblogi'r wlad yn y lle cyntaf. Ymhellach, mae sawl her yn wynebu'r byd sydd ohoni – her newid yn yr hinsawdd, afiechydon heintus, technoleg fodern – lle y mae ffiniau, os nad ydynt yn amherthnasol, yn annelwig. Mae hyn yn golygu bod yn rhaid i wledydd fod yn gyd-ddibynnol, h.y. maent yn ddibynnol ar ei gilydd er mwyn darganfod atebion i'r problemau hyn ac yn sicr er mwyn eu datrys yn ymarferol.

Mi wn y bydd hyn yn arwain rhai i ddweud fy mod felly'n cydnabod nad yw'n bosibl bod yn annibynnol oherwydd bod dibyniaeth yn gyflwr naturiol. Na. Dadlau'r ydwyf mai nhw sydd yn camddeall ystyr annibyniaeth yn y lle cyntaf. Megis yn achos pobl, nid yw annibyniaeth yn gyfystyr ag ymneilltuo, na bod yn hunanol, na bod yn gwbl hunangynhaliol heb angen help na chyngor nac arweiniad eraill. Beth bynnag, dibyniaeth yw gelyn annibyniaeth, a dyna yw (i raddau llai nag erioed o'r blaen, bid siŵr) sefyllfa bresennol Cymru.

Wrth gwrs, annibyniaeth *wleidyddol* sydd dan sylw yn y drafodaeth hon, ac mae hynny yn ein galluogi i gydnabod bod *gwledydd annibynnol* yn ddibynnol ar wledydd eraill mewn ffyrdd amrywiol yn barod. I mi, felly, mae'r cwestiwn sydd dan sylw yn un normadol a moesol, sef: a **ddylai** Cymru fod yn genedl neu'n wladwriaeth annibynnol?

Bydd eraill yn gallu dadlau o blaid neu yn erbyn y cwestiwn empeiraidd, sef: a **all** Cymru fod yn genedl neu'n wladwriaeth annibynnol? Nid cwestiwn athronyddol yw hwnnw (ond mi fyddwn i yn ei ateb yn gadarnhaol). Ni fyddaf ychwaith yn cynnig dadansoddiad o derminoleg fel 'gwledydd', 'cenhedloedd' a 'chenedl-wladwriaethau', sydd yn wir yn fater athronyddol, ond yn un a drinnir mewn papur arall yn y gyfrol hon.

Gadewch i mi fod yn gwbl agored o'r cychwyn cyntaf. Rwy'n credu mewn annibyniaeth i Gymru. Mae hygrededd ysgolheigaidd yn golygu bod yn rhaid cydnabod hynny felly ni wnaf drafferthu dadlau fy mod heb ragfarn neu'n ddiduedd. Oes, mae gen i ragfarn amlwg iawn o safbwynt annibyniaeth i Gymru.

★

Nid yw dadleuon o blaid annibyniaeth cenhedloedd yn ffurfio unrhyw ran o ddadl Rawls yn *A Theory of Justice*. Yr hyn sydd o ddiddordeb iddo yw datblygu athroniaeth ryddfrydol sydd yn wrthbwynt i lesyddiaeth. Mae'n dyfeisio fframwaith lle y gall egwyddorion cyfiawnder gael eu derbyn drwy gytundeb gan bobl rydd a rhesymegol sydd wedi eu gosod mewn cymdeithas ddychmygol. Gosodir hwy y tu ôl i len o anwybodaeth lle nad ydynt yn ymwybodol o'u safle cymdeithasol, o'u hil, o'u rhyw, o'u galluoedd, o'u cryfder na hyd yn oed o'u credoau sylfaenol am yr hyn a ystyriant yn gymdeithas dda. Canlyniad hyn yw fod Rawls yn bathu egwyddorion cyfiawnder er mwyn rheoli dosraniad rhyddfreiniau a dosraniad nwyddau cymdeithasol ac economaidd.

Yn y bôn felly, yr hyn yr wyf yn ei ddadlau yma yw na fyddai pobl ddychmygol Rawls fyth yn derbyn llai o hawliau gwleidyddol na'r hyn oedd eu siâr ac na fyddent ychwaith yn derbyn ei bod yn iawn fod gan rai yn y gymdeithas ddychmygol fwy o hawliau gwleidyddol nag eraill. Nid yw hyn yn gyfystyr â dadlau bod cyfiawnder yn mynnu annibyniaeth ond y mae'n gyfystyr â dadlau o blaid yr **hawl** i annibyniaeth. Hawl i annibyniaeth, yn hytrach na dyletswydd, felly a gyfreithlonir gan syniadaeth Rawls.

Beth sydd gan Rawls i'w ddweud am hunanlywodraeth yn neilltuol? Y mae'n gweld perthynas greiddiol rhwng hunanlywodraeth a hunanhyder neu hunan-barch yr unigolyn:

> ... effaith hunanlywodraeth, lle y mae hawliau gwleidyddol cyfartal yn cael eu gwerthfawrogi, yw cynyddu ymdeimlad o hunan-werth a synnwyr o gymhwysedd gwleidyddol y dinesydd cyffredin. (Rawls, 1999, t. 205.)

Y mae syniadaeth Rawls felly yn dibynnu ar ddealltwriaeth resymol o gyfrwng a seicoleg sydd yn mynnu hawliau dinesig hafal i unigolion, wedi ei seilio ar ei gysyniad o gyfiawnder.

Dadl Rawls yw fod hunanlywodraeth, lle y mae gan unigolion hawliau gwleidyddol cydradd, yn sicr o gyfoethogi teimlad y dinesydd o hunanhyder ac, yn wir, o gymhwysedd gwleidyddol. Y mae'r cysyniad o hunanhyder yr unigolyn yn gwbl greiddiol i syniadaeth Rawls a hefyd, yn wir, i ryddfrydiaeth. Onid yr ymdeimlad o hunan-barch, a ddilysir (neu beidio) gan y wladwriaeth a'i holl beirianwaith, sydd yn y bôn yn greiddiol i ryddfrydiaeth a phwysigrwydd yr unigolyn? Mwy am hunan-barch Rawls yn y man.

★

Un o ddyfeisiau symbolaidd pwysicaf Rawls yw'r 'Original Position' neu'r 'Safle Gwreiddiol'. Gadewch i ni ddychmygu am eiliad y fath fyd a'r fath gymdeithas y byddem yn byw ynddi pe na baem yn gwybod ymhle o fewn y gymdeithas honno yr oeddem wedi ein lleoli. Dyma sydd gan Rawls dan sylw. Mae'r 'Safle Gwreiddiol' yn arbrawf neu'n ddyfais sy'n gofyn i ni ddychmygu nad ydym yn gwybod dim am ein sefyllfa fel unigolion. Fel y dywed Rawls:

> nid oes neb yn gwybod ei safle mewn cymdeithas, ei safle o ran dosbarth na'i statws cymdeithasol; nid yw chwaith yn gwybod ei ffawd o ran dosraniad asedau a gallu naturiol, pa mor ddeallusol glyfar a pha mor gorfforol gryf yw ... (Rawls, 1999, t. 118.)

Mae'r fath ddyfais ddychmygol yn gofyn i ni ail-greu cymdeithas ac yn gofyn i ni ddychmygu'r math o gymdeithas y byddem yn byw ynddi pe na baem yn gwybod ym mhle yr oeddem am ddiweddu. Wrth gwrs, pwrpas y ddyfais hon yw dangos pa mor amodol ar hap a damwain yw'r rhinweddau cymdeithasol hynny yr ydym yn digwydd dod (neu beidio) i'w mwynhau o fewn cymdeithas.

Rydym yn sicrhau'r niwtraliaeth yn ddamcaniaethol drwy ein rhoi ein hunain y tu ôl i len o anwybodaeth, ac felly, nid oes ffordd i ni wybod, pan gyfyd y llen honno, ym mhle o fewn y gymdeithas y byddwn yn digwydd bod wedi ein lleoli.

I mi, mae'r dyfeisiau hyn yn gyfrwng i holi: a fyddai unigolion yn y 'Safle Gwreiddiol', dan gwrlid y llen o anwybodaeth, yn dewis perthyn i genedl nad oedd iddi'r un hawliau gwleidyddol ag unrhyw genedl arall? Pam y byddai unigolion rhesymegol a rhesymol na wyddent i ba genedl yr oeddent yn digwydd perthyn yn gwneud hyn? Oni fyddai hyn yn mynd yn gwbl groes i egwyddor Rawls na fyddai unigolion rhydd a rhesymol yn ymddwyn yn y fath fodd? Hynny yw, a fyddai unrhyw un yn dewis bod â llai o hawliau gwleidyddol na rhywun arall ar sail cenedligrwydd?

Mae'n anodd gen i gredu ac mae'n anodd gan Rawls gredu hynny. Yn wir, fe awn gam ymhellach gan ddadlau bod syniadaeth Rawls yn ein harwain i'r canlyniad fod rhywbeth o'i le ar yr unigolyn hwnnw sy'n dewis llai o freintiau, rhyddfreiniau a hawliau nag unigolyn arall a bod niwed wedi digwydd i'w unigolyddiaeth ac i'w ymdeimlad o hunan-barch.

Atega Rawls hyn drwy nodi pwysigrwydd baich barn (neu'r 'burdens of judgment'), sef y baich o orfod gwneud penderfyniadau a chael safiad neu safbwynt, a hefyd normalrwydd y ffaith fod gan amryw unigolion sawl damcaniaeth wahanol ynglŷn â'r hyn sy'n fywyd da. Rhaid gofyn y cwestiwn: pam y dylem ni (ddinasyddion Cymru) gael ein hamddifadu o'r posibilrwydd o fod yn gyfrifol am ein problemau pennaf a'n prif bryderon? Byddai hyn yn gyfystyr â'n cael ein trin fel plant am byth ac er, efallai, y byddai ein rhieni neu'n gofalwyr yn gwneud gwaith da o ymboeni am ein dyfodol, ni fyddai unrhyw oedolyn rhesymol yn deisyfu byw mewn cyflwr parhaol o blentyndod.

Mae hyn eto'n adleisio pwynt Rawls am hunan-barch. Hunan-barch fel y prif nod sy'n cynnal ei athroniaeth. Cysyniad niwlog bid siŵr ond cysyniad sydd, er hynny, yn greiddiol i syniadaeth Rawls am ffyniant unigolion.

Gadewch i mi ymhelaethu. Mae Rawls yn credu bod y contract cymdeithasol yn ymwneud â dosbarthiad a dosraniad amryw nwyddau sylfaenol. Un o'r nwyddau rheiny yw hunan-barch. Mae'n hawlio mai'r 'nwydd sylfaenol' pwysicaf un yw hunan-barch (t. 386). Mae hunan-barch neu hunan-werth yn ddeublyg o ran ei ystyr. Yn gyntaf, mae'n cyfeirio at ymdeimlad yr unigolyn o'i werth ei hun, h.y. mae'n credu bod ystyr i'w ganfyddiad o fywyd da, ei gynllun mewn bywyd. Yn ail, y mae hunan-werth yn awgrymu hyder yng ngallu yr unigolyn, cyn belled ag y mae hynny o fewn gafael yr unigolyn, i wireddu ei fwriadau mewn bywyd. Pan fydd unigolyn yn teimlo nad oes gwerth i'w gynlluniau, neu'n cael ei boenydio gan hunanamheuaeth, mae'n anodd i'r unigolyn fyw bywyd llawn. Dywed Rawls:

> byddai pobl yn y safle gwreiddiol am osgoi ar bob cyfri' unrhyw amodau cymdeithasol a fyddai'n tanseilio hunan-barch. (Rawls, 1999, t. 386.)

Sut felly y mae hyn yn berthnasol i Gymru heddiw?

Yn gyntaf, un o'r cyhuddiadau amlycaf yn erbyn rhyddfrydiaeth yw ei hanallu i ddygymod ag agweddau ar genedlaetholdeb sydd, yn eu hanfod, yn geisiadau am gyfiawnder i unigolion neu grwpiau. Yn ddiweddar daeth corff o ryddfrydwyr (megis Kymlicka, Benhabib ac eraill) i ddadlau bod rhyddfrydiaeth yn gallu ymateb i ddadleuon sydd efallai yn ymddangosiadol gymunedolaidd, h.y. yn rhoi blaenoriaeth i'r gymuned yn lle'r unigolyn. Byddai dadleuon dros annibyniaeth i Gymru yn cael eu portreadu fel rhai cymunedolaidd, chwedl y rhyddfrydwyr mwyaf egalitaraidd fel Brian Barry yn *Culture and Equality*.

Yn ail, yn sgil ennill y refferendwm diweddar ar bwerau pellach i Gymru, y mae angen gofod deallusol a normadol i ddadlau dros annibyniaeth (ynghyd â dadleuon economaidd, cymdeithasol a.y.y.b.), ac yn enwedig felly yng nghyd-destun datblygiadau cyfansoddiadol yn yr Alban.

Yn drydydd, credaf fod cysyniadau Rawls – eilun y traddodiad rhyddfrydol – yn ein harwain i ddadlau dros annibyniaeth i Gymru o safbwynt hunan-barch.

Ac ymhelaethu felly, mae Rawls yn gosod ei waith yn nhraddodiad y contract neu'r cytundeb cymdeithasol, h.y. mae egwyddorion cyfiawnder ar gyfer strwythur cymdeithas ar ei mwyaf elfennol yn cael eu cytuno gan unigolion rhydd a rhesymol. Un elfen bwysig o'i gysyniad o gyfiawnder yw dychmygu nad oes gan yr unigolion hyn ddiddordeb yn ei gilydd – y term a ddefnyddir ganddo yw '*mutually disinterested*'. Nid yw hyn yn golygu, pwysleisia Rawls, eu bod yn fyfiol hunanol, dim ond nad oes ganddynt unrhyw ddiddordeb neilltuol yng nghynlluniau bywyd ei gilydd, h.y. gellid dychmygu bod eu hamcanion ysbrydol yn gwbl wrthwynebus a'u bod, dyweder, yn coleddu crefyddau gwahanol (er, wrth gwrs, na fyddent yn gwybod hynny i sicrwydd).

Dywed Rawls mai penllanw'r broses o osod yr unigolion yma yn y 'Safle Gwreiddiol' yw hyn: fe fyddai'r unigolion yn dewis dwy egwyddor wahanol iawn. Yn gyntaf byddent yn dewis cyfartaledd wrth ddosrannu hawliau a chyfrifoldebau sylfaenol, ac, yn ail, byddent yn sicrhau bod unrhyw anghydraddoldebau cymdeithasol ac economaidd, e.e. mewn cyfoeth neu awdurdod, yn deg dim ond pe baent yn y diwedd o fudd i bawb, ac yn enwedig felly i'r lleiaf ffodus mewn cymdeithas.

Honna Rawls fod cysyniad o gyfiawnder sy'n osgoi defnyddio dawn neu dalent naturiol gynhenid a hanfodion mympwyol mewn amgylchiadau cymdeithasol yn arwain at yr egwyddorion hyn. Eglura Rawls:

> Er enghraifft pe gwyddai dyn ei fod yn gyfoethog, efallai y byddai'n credu mai rhesymol fyddai coleddu'r egwyddor fod amryw fathau o dreth ar gyfer mesurau lles yn cael eu cyfrif yn anghyfiawn; pe gwyddai ei fod yn dlawd, mae'n debygol y byddai'n cynnig egwyddor i'r union wrthwyneb. I gynrychioli'r cyfyngiadau angenrheidiol mae rhywun yn dychmygu sefyllfa lle yr amddifedir pawb o'r math yma o wybodaeth. (Rawls, 1999, t. 17.)

Prif wrthrych egwyddorion cyfiawnder yw strwythur sylfaenol cymdeithas a threfniadaeth sefydliadau cymdeithasol o bwys. Mae Rawls yn egluro bod sefydliadau'n gyfystyr â chyfundrefn gyhoeddus o reolau sy'n diffinio swyddi a safleoedd, a'u hawliau a'u cyfrifoldebau a'u pwerau a.y.y.b.

Fe wyddom, wrth gwrs, fod cymdeithas yn gymhleth, yn lluosol ac yn esblygu. Oherwydd hynny honna Rawls nad yw pob safle cymdeithasol yn greiddiol i ddeall ei gysyniad o gyfiawnder. Fel yr eglura:

Oherwydd nid oes 'mond **un** math o ffarmwr, dyweder, ond ceir ffermwyr llaeth, ffermwyr haidd, ffermwyr yn gweithio ar ddarnau mawr o dir, ac y mae felly yn achos swyddi a grwpiau eraill (Rawls, 1999, t. 82.)

Mae creu cysyniad o gyfiawnder sy'n dal dŵr yn amhosibl felly gyda'r fath amrywiaeth o safleoedd cychwynnol.

Yn syml, felly, y mae rhai agweddau neu safleoedd cychwynnol yn bwysicach na'i gilydd. Yn anad dim, y safleoedd cychwynnol o bwys yw'r rhinweddau neu'r hanfodion hynny mewn unigolion na ellir, ar y cyfan, eu newid. Rhyw, hil, diwylliant, dosbarth, gallu corfforol, gallu ymenyddol - wedi'r cyfan, 'does neb yn dewis cael ei eni'n glyfar neu'n gryf. O'r herwydd, dyma'r union rinweddau y dylid ceisio'u hosgoi wrth lunio egwyddorion cyfiawnder fel nad yw'r rhai sy'n digwydd cael eu geni mewn sefyllfa 'well' yn cael ffafriaeth annheg ar sail damwain natur.

Beth am droi ein golygon at genhedloedd, felly.

Ni ellir dadlau nad yw Rawls yn ymddiddori o gwbl mewn cyfiawnder rhwng cenhedloedd. Yn wir, y mae'n dweud yn glir, "y mae arnom angen, yn atodol, egwyddorion ar gyfer cyfraith ymysg cenhedloedd" (Rawls, 1999, t. 93) a cheir trafodaeth ddifyr ar anufudd-dod sifil sy'n trafod natur cenedl-wladwriaethau. Er hynny, teg dweud nad pennaf diddordeb Rawls yn y gyfrol hon yw cyfiawnder rhwng cenhedloedd. Fel y dywed Kymlicka:

Credaf fod yr ateb i'w ganfod nid mewn unrhyw wendid mawr o sylwedd gyda rhyddfrydiaeth ond yn syml yn y ffaith fod Rawls

[...] fel mwyafrif athronwyr gwleidyddol y cyfnod ar ôl y rhyfel, yn gweithio gyda model o'r genedl-wladwriaeth sydd wedi ei symleiddio'n arw lle y mae'r gymuned wleidyddol yn gyfystyr ag un gymdeithas ddiwylliannol benodol, ac un yn unig. (Kymlicka, 1989, t. 177.)

Hynny yw, er fod Rawls yn cydnabod realiti cenhedloedd, y mae'n ddall neu'n naïf neu'n diystyru cymhlethdod cwestiwn cenedl-wladwriaethau heb ystyried sut y daethant i fod dros amser. Yn llygaid Rawls mae'r genedl-wladwriaeth yn cyd-fyw ac yn rhannu un diwylliant fel pe bai cenedl-wladwriaethau yn endidau diwylliannol, niwtral h.y. mae'n gweld Ffrainc yn lle gweld Llydaw, Gwlad y Basg, Acwitania, Alsás a.y.y.b. Yn hyn o beth, mae Lewis yn gywir pan yw'n dadlau:

nad yw methiant Rawls [...] i roi mwy o sylw i'n hymlyniad diwylliannol yn deillio o unrhyw wendid athronyddol sylfaenol. Yn hytrach, mae'r rheswm yn un llawer mwy arwynebol, sef methiant [...] i ddeall natur amrywiol gwladwriaethau modern. (Lewis, 2008, dim rhif tudalen.)

Er gwaethaf ei fethiant i ddeall natur gymhleth y ffordd y daeth cenedl-wladwriaethau i fod dros amser, y mae Rawls *yn* rhoi peth sylw i ddatblygu cysyniad o gyfiawnder ymysg cenhedloedd. Mae'n dychmygu ei bod yn gwbl bosibl addasu'r Safle Gwreiddiol i gynrychioli sefyllfa o gyfiawnder rhyngwladol, h.y. o gynrychiolwyr y cenhedloedd yn cyd-drafod egwyddorion eu hymwneud â'i gilydd. Dywed:

...y mae'n gwbl bosibl dadansoddi dyfais y Safle Gwreiddiol a meddwl am y sawl sydd yno fel cynrychiolwyr gwahanol genhedloedd y mae'n rhaid iddynt ddewis, gyda'i gilydd, yr egwyddorion sylfaenol ar gyfer dyfarnu ymhlith safbwyntiau neu fuddiannau croes gwahanol wladwriaethau. (Rawls, 1999, t. 331.)

Yn union yr un modd, fe amddifedir y cynrychiolwyr hyn o bob math o wybodaeth. Er eu bod yn gwybod eu bod i gyd yn cynrychioli gwahanol genhedloedd ac i gyd yn byw mewn amgylchiadau arferol, nid ydynt yn ymwybodol o union sefyllfa eu cymdeithas hwy o ran grym a chryfder o'i chymharu â chenhedloedd eraill ac nid ydynt yn gwybod eu lle o fewn y gymdeithas fyd-eang honno ychwaith.

Mae ganddynt ddigon o wybodaeth i wneud penderfyniadau rhesymol er mwyn gwarchod eu buddiannau ond heb roi'r gallu i'r mwyaf ffodus fanteisio ar eu safle. Fel yr eglura Rawls:

Mae'r Safle Gwreiddiol yn deg rhwng cenhedloedd: y mae'n dileu hapddigwyddiadau a rhagfarnau ffawd hanesyddol. Y mae cyfiawnder rhwng gwladwriaethau'n cael ei bennu gan yr egwyddorion hynny a fyddai'n cael eu dewis yn y safle gwreiddiol. (Rawls, 1999, t. 332.)

Ymhelaetha ei fod yn credu y byddai cynrychiolwyr yn y Safle Gwreiddiol yma yn dewis yr egwyddor o gyfartalwch ymysg y cenhedloedd gyda'r rhinweddau canlynol – yr hawl i hunanlywodraeth a hawl pobloedd i benderfynu eu materion eu hunain heb ymyrraeth gan bwerau allanol a.y.y.b. (Rawls, 1999, t. 332).

Fel yr wyf eisoes wedi crybwyll, nid pwrpas, amcan na rhesymeg Rawls dros ysgrifennu *A Theory of Justice* oedd rhesymoli annibyniaeth i Gymru nac i unrhyw genedl-wladwriaeth arall. Teg dweud bod Rawls yn hynod nodweddiadol o'i gyfoedion yn y canon rhyddfrydol sydd gyda'r mwyaf ansensitif i gwestiynau o'r fath (gydag ambell eithriad amlwg fel Kymlicka).

Er hynny, rwy'n dadlau bod yr hyn a ddyfeisia Rawls fel sefyllfa ddychmygol ar gyfer unigolion a chynrychiolwyr cenhedloedd yn ein harwain yn anochel at sefyllfa lle y byddai Cymru yn gallu cael ei dychmygu i fod, ar sail y cysyniad o gyfiawnder a ddatblygir gan Rawls, yn annibynnol. Yn fwyfwy, ni fyddai gan gynrychiolwyr unrhyw genhedloedd eraill yr hawl i lesteirio bwriad un genedl benodol i fod yn annibynnol. Y mae fframwaith Rawls yn rhoi felly i bob cenedl yr opsiwn o arddel annibyniaeth nid fel dyletswydd ond fel hawl.

Fe ellid dadlau na fyddai cynrychiolydd yn y Safle Gwreiddiol dychmygol yn ei ystyried ei hun yn gynrychioliadol o genedl o'r enw Cymru (a hynny am resymau hanesyddol a gwleidyddol). Beth bynnag am hynny, yr hyn sy'n bwysig yw fod yr amodau a ddychmygir yn y Safle Gwreiddiol yno er mwyn dadwneud neu annilysu y rhagfarnau mympwyol hynny sydd ynghlwm wrth ffawd neu dynged hanesyddol, megis yr hyn sydd wedi digwydd yn fynych yn achos Cymru.

'Does dim rhaid i mi ymhelaethu rhyw lawer mwy ar sut y bu i law hanes filwrio *yn erbyn* ymdeimlad o arwahanrwydd ar sail diwylliant neu iaith neu genedligrwydd y Cymry. Byddai hynny'n destun papur arall, ond teg dweud na fyddem hyd yn oed yn gallu dychmygu *cael* y drafodaeth hon oni bai fod 'Cymru' yn golygu rhywbeth i ni fel cysyniad gwleidyddol a hanesyddol wedi ei seilio ar ryw lefel o arwahanrwydd a grëwyd dros gyfnod o amser.

I gloi'r ysgrif hon felly, crynhoaf fy mhrif ddadleuon pam y gallai Rawls fod yn barod i ddadlau dros annibyniaeth i Gymru.

1. Mae dyfais y Safle Gwreiddiol, boed ar lefel yr unigolyn neu gynrychiolydd dychmygol cenhedloedd a gwladwriaethau, yn ein harwain i ofyn y cwestiwn: a fyddem yn deisyfu Cymru ddibynnol o'n rhoi ein hunain yn y safle yma?
2. Ynghlwm wrth hyn, mae dyfais y Llen o Anwybodaeth yn peri i ni feddwl a fyddem yn dymuno perthyn i genedl â llai o freintiau na chenhedloedd eraill o'i chwmpas o sefyll hefyd y tu ôl i'r llen? Oni fyddem yn rhoi'r un mesur o ryddid neu annibyniaeth i bob cenedl?

3. Onid yw'n rhesymegol i ni fynnu mwy o hawliau yn hytrach na llai o ystyried ein hymdeimlad o hunan-barch, sef y 'nwydd' pwysicaf a sbardun syniadaeth athronyddol Rawls?

4. Yn olaf, mae baich barn Rawls yn ein hannog i ofyn a ddylai dinasyddion Cymru gael eu trin fel plant heb gael y cyfrifoldeb am ymboeni am rai o'r materion pwysicaf (er gwaethaf ymdrechion a bwriadau – cwbl deilwng efallai – eu rhieni neu eu gwarchodwyr)?

'Doedd cynnig amddiffyniad dros annibyniaeth i unrhyw genedl-wladwriaeth erioed yn rhan o resymeg John Rawls dros ddatblygu ei fframwaith cyfiawnder.

Er hynny, dadleuaf mai'r sbardun pennaf yw'r awydd a'r awch i sicrhau cyfiawnder i unigolion ac felly fod yr hyn sydd ganddo i'w ddweud am egwyddorion cyfiawnder a pherthynas pobl yn eu hymwneud â'i gilydd, ynghyd â pherthynas cenhedloedd, yn awgrymu'n gryf y byddai'n fodlon dadlau hefyd fod prif hanfodion ei weledigaeth o gyfiawnder yn gallu arwain yn gwbl resymol at ddadlau o blaid annibyniaeth i Gymru fel cyfrwng i sicrhau cyfiawnder i unigolion.

Cyfeiriadau

Kymlicka, W. (1989), *Liberalism, Community and Culture*, (Rhydychen: Gwasg Prifysgol Rhydychen).

Lewis, H. (2008), *Rhyddfrydiaeth ac Adferiad Iaith*, (traethawd Ph.D Prifysgol Aberystwyth).

Rawls, J. (1972), *A Theory of Justice*, (cyfeiriadau at argraffiad 1999, Rhydychen: Gwasg Prifysgol Rhydychen).

Barry, B. (2001), *Culture and Equality*, (Harvard: Gwasg Prifysgol Harvard).

Gwladgarwch: Richard Price ar Garu ein Gwlad

E. Gwynn Matthews

BYDD GALW AR WEINIDOGION yr efengyl o bryd i'w gilydd i draddodi pregethau sydd yn nodi rhyw achlysur neu ddathliad cyhoeddus nad yw yn ei hanfod yn grefyddol. Dyna ddigwyddodd i Richard Price pan wahoddwyd ef i draddodi pregeth yn Llundain ar 4 Tachwedd 1789 i ddathlu'r Chwyldro Gogoneddus, fel y'i gelwir, a ddigwyddasai yn Lloegr ym 1688, a'r Mesur Iawnderau a ddaeth yn ei sgil ym 1689. Nid yw derbyn gwahoddiadau o'r fath heb ei anawsterau. Rhaid ceisio osgoi ieuad anghymarus rhwng gofynion yr efengyl a natur yr achlysur. Bu Price yn hollol agored ynglŷn â'r tyndra rhwng gofynion yr efengyl a rhai agweddau ar ei genadwri i Gymdeithas Dathlu'r Chwyldro ym Mhrydain Fawr.

O ddewis 'Cariad at ein Gwlad' yn thema i'w bregeth mae Price yn cydnabod elfen o anesmwythyd wrth gymeradwyo'r meddylfryd hwn i'w gynulleidfa. Gofynna:

> Beth fu cariad at eu gwlad ymhlith dynion hyd yn hyn? … Beth ond cariad at arglwyddiaethu, chwant am oruchafiaeth a syched am fawredd a bri, trwy estyn eu tiriogaeth a chaethiwo'r gwledydd oddi amgylch? Beth a fu ond egwyddor ddall a chyfyng yn creu ym mhob gwlad ddirmyg at wledydd eraill ac yn ffurfio ymhlith dynion bleidiau a chlymbleidiau i weithio yn erbyn eu hawliau a'u rhyddfreiniau cyffredin? Dyma'r egwyddor a ganmolwyd yn rhy aml a'i galw'n rhinwedd o'r radd flaenaf. [1]

Ond, a yw cariad at ein gwlad yn rhinwedd neu'n ddyletswydd i Gristnogion? Nid yw Price, o leiaf ar ddechrau ei bregeth, yn medru ateb y cwestiwn ar ei ben. Y mae'n cydnabod un anhawster ar unwaith: meddai, 'Y mae'n beth hynod iawn na chyfeiriwyd unwaith at y ddyletswydd hon gan sylfaenydd ein crefydd ac na roddodd ef inni unrhyw gymeradwyaeth ohoni; ac fe ystyriwyd hyn gan anghredinwyr yn rheswm dros wrthwynebu Cristnogaeth.'[2]

Ceisia Price egluro'r diffyg anogaeth ar ran Iesu i ni garu ein gwlad drwy ddweud mai bod yn ochelgar yr oedd yn wyneb sefyllfa wleidyddol ei ddydd. Gallai'r Iddewon a'r Rhufeiniaid gamddehongli ei eiriau. Meddai Price, 'Y mae'n sicr pe bai Cristnogaeth yng nghyfnod ei lledaeniad wedi cymell ar ddynion ymlyniad at eu gwlad, y byddai wedi gwneud anhraethol fwy o ddrwg nag o les.'[3] Y mae hwn yn bwynt hynod ddiddorol, oherwydd mae'n awgrymu y gallai cariad at ein gwlad fel y cyfryw fod yn rhinwedd, ond y gall amgylchiadau gyfiawnhau peidio â chymell arfer y rhinwedd. Byddai'n ddiddorol gwybod a gredai Price fod y fath gyfiawnhad yn gyfiawnhad moesol.

Beth bynnag, dim ond rhan o'r rheswm dros dawelwch Crist ei hun ar garu ein gwlad yw'r awydd i beidio â chynhyrfu teimladau'r Iddewon ac ofnau'r Rhufeiniaid. Meddai Price:

> Ond fe wnaeth ein Harglwydd a'i apostolion yn amgenach, trwy argymell yr Ewyllys Da Byd-eang hwnnw sydd yn egwyddor anhraethol uwch nag unrhyw serchiadau pleidiol. Y maent wedi gosod y fath bwyslais ar garu pob dyn, hyd yn oed eu gelynion, ac wedi gwneud cariad gwresog ac eang yn rhan mor hanfodol o fywyd rhinweddol nes y gellir galw'r grefydd a bregethwyd ganddynt yn Grefydd Ewyllys Da a'i gwahaniaethu felly oddi wrth bob crefydd arall.[4]

Fel y mae'n digwydd, nid yw'r alwad i garu pob dyn ac arfer ewyllys da byd-eang yn alwad unigryw i Gristnogaeth. Yr oedd y Stoiciaid wedi meithrin delwedd y *kosmopolites*, dinesydd y byd cyfan, ac yn hyn yr oeddynt yn nhraddodiad Diogenes y Sinig a atebai unrhyw un a ofynnai iddo o ba le y deuai â'r geiriau, 'Yr wyf yn ddinesydd y byd.' Yn yr un cywair, dywed Seneca y dylem fesur ffiniau ein cenedl wrth yr haul. Y gymuned ddiffin, fyd-eang hon yn sylfaenol yw tarddle'r gofynion moesol sydd arnom, medd Martha Nussbaum mewn papur pwysig 'Patriotism and Cosmopolitanism':

> Dylem roddi ein teyrngarwch cyntaf ... i'r gymuned foesol a ffurfir gan ddynoliaeth yr holl hil ddynol. Dylai'n hymddygiad bob amser ddangos yr un parch at yr urddas, y rheswm a'r dewis moesol a berthyn i bob bod dynol.[5]

Gellid dadlau fod cosmopolitaniaeth ddyngarol Nussbaum yn rhagori'n foesol ar wladgarwch, sydd mewn gwirionedd yn gosod terfynau i rai gofynion moesol, fel pe bai rhagor rhwng dynion a'i gilydd yn eu hawl i'n hystyriaeth. Y mae'n hawdd gweld apêl y safbwynt sy'n mynnu nad oes angen galwad arnom i garu ein gwlad cymaint â galwad arnom i garu ein byd. Pe bai dynion yn barotach i ymateb i'r ail alwad na'r gyntaf byddai un o brif achosion rhyfel a thrais wedi ei ddiddymu.

Ond ni ddylid ildio'r ucheldir moesol i feirniaid gwladgarwch yn rhy rwydd. Fel y'n hatgoffir gan Michael Walzer:

> Y mae camwri'r ugeinfed ganrif wedi ei gyflawni fel petai bob
> yn ail gan wladgarwyr gwyredig a chosmopolitaniaid gwyredig.
> Os yw ffasgaeth yn cynrychioli'r cyntaf o'r gwyriadau hyn, y mae
> comiwnyddiaeth yn ei ffurf Leninaidd a Maoaidd yn cynrychioli'r
> ail.[6]

Yr un modd y mae Hilary Putnam yn tynnu sylw at y ffaith fod cosmopolitaniaeth filwriaethus ac anffyddiaeth filwriaethus yr un mor ddifaol â gwladgarwch milwriaethus a chrefydd filwriaethus. Nid yw diogelwch, lles ac urddas pobl o angenrheidrwydd yn ddiogelach yng ngofal cosmopolitaniaid. Peryglir y rhain gan rywbeth arall, ychwanegol at wladgarwch a chosmopolitaniaeth, sydd yn medru llygru'r naill a'r llall.[7]

Mewn ymateb i bapur Nussbaum mae Michael Walzer yn amau'r holl gysyniad o ddinasyddiaeth byd: 'Nid wyf i yn ddinesydd y byd fel y dymuna hi i mi fod. Nid wyf i hyd yn oed yn ymwybodol fod y fath beth yn bod fel y gall rhywun fod yn ddinesydd ohono.'[8] Y mae rhyw fath o gamddosbarthu categori'n digwydd pan fyddwn yn sôn am 'ddinasyddiaeth byd', oherwydd mae dinasyddiaeth o reidrwydd yn perthyn i uned sy'n llai na'r byd. Ni fyddai neb cyfrifol am wadu bod gennym gyfrifoldebau tuag at y byd cyfan, ond y maent yn wahanol i'n dyletswyddau tuag at ein gwlad, ac nid drwy elastigo'n dyletswyddau tuag at ein gwlad y cyflawnwn y cyfrifoldebau hynny.

Y mae Hilary Putnam yn feirniadol o'r apêl Kantaidd a wna cosmopolitaniaid fel Nussbaum at safonau moesol y gall yr holl fyd, ar sail rheswm cyffredinol, eu derbyn:

> Nid yw bywydau da yn llamu allan o ddirnadaeth resymegol yn y ffordd y gwnaeth y prawf fod arwynebedd cylch yn hafal i luosiad π â sgwâr y radiws i feddyliau mathemategwyr yr hen Roegiaid a'r hen Tsieineaid. Megis arlunio neu gerddoriaeth neu lenyddiaeth, y mae angen ar ffyrdd o fyw ganrifoedd o arbrofi a dyfeisgarwch i ddatblygu. Yn absenoldeb y fath ffyrdd o fyw diriaethol, ffurfiau a alwai Hegel yn *Sittlichkeit*, bydd egwyddorion cyffredinol cyfiawnder i bob pwrpas yn wag, yn union fel y bydd ffurfiau etifeddol *Sittlichkeit*, heb reswm beirniadol, yn dirywio i fod yn ymlyniad dall a theyrngarwch dall i awdurdod. Y mae traddodiad heb reswm yn ddall: y mae rheswm heb awdurdod yn wag.[9]

Ond beth bynnag yw ein barn am allu rheswm cyffredinol i ddatgelu gofynion moesol pob creadur sy'n feddiannol ar reswm, fe allwn dderbyn bod gennym ddyletswyddau tuag at bob person, yn rhinwedd y ffaith mai personau ydynt. Eto, ni fyddem yn derbyn bod hyn yn golygu bod gennym ddyletswyddau tuag at bawb i'r un graddau. Er enghraifft, byddem yn credu bod dyletswyddau rhieni tuag at eu plant eu hunain i flaenori eu dyletswyddau tuag at blant yn gyffredinol. Y mae Jeff McMahon yn defnyddio'r enghraifft o dreulio amser yn gweini ar gymar mewn gwaeledd yn hytrach nag yn gweithio oriau ychwanegol i'n galluogi i godi'n cyfraniad at Oxfam fel enghraifft o weithred sy'n ffafrio un dros y lliaws, ond sydd serch hynny'n ffafriaeth foesol dderbyniol.[10]

Y mae'n amlwg fod tyndra yn ein synnwyr moesol rhwng y safon sy'n disgwyl i'n hagwedd at ein cyd-ddyn fod yn ddiduedd a'r safon sy'n cael ffafriaeth tuag at rai yn dderbyniol. Yn ôl yr ail safon y mae'n ddisgwyliad y byddwn yn ffafrio rhai, hynny yw, ein dyletswydd yw ffafrio rhai, yn enwedig ein teulu ein hunain, ein cyfeillion, ein gwlad. Beth yw sail y gwyriadau derbyniol hyn? Ateb naturiaethol a gawn gan Price:

> Gyda golwg ar hyn, rhaid inni ofyn i chi ddwyn i gof ein bod yn tueddu o ran natur i hoffi rhai dynion yn fwy nag eraill yn ôl gradd eu hagosrwydd atom a'n gallu ni i fod o ddefnydd iddynt. Y mae'n amlwg fod hyn yn agwedd ar gyfansoddiad ein natur sy'n profi doethineb a daioni ein Creawdwr. Petasai'n serchiadau wedi eu pennu i fod yr un tuag at ein holl gyd-ddynion, golygfa lawn dryswch a phenbleth fuasai bywyd dyn. Yn ôl trefn natur y mae ein gofal yn dechrau gyda ni ein hunain, a dyletswydd gyntaf pob dyn yw gofalu amdano'i hun. Yna daw ein teuluoedd, ein cymwynaswyr a'n cyfeillion, ac ar eu hôl hwy, ein gwlad. Ychydig y gallwn ei wneud er budd dynoliaeth yn gyffredinol. Serch hynny, y mae pob budd arall yn dod yn ail i fudd dynoliaeth. Yr egwyddor uchaf yn ein natur yw parch at gyfiawnder cyffredinol a'r ewyllys da hwnnw sy'n cwmpasu'r byd cyfan.[11]

Cyfyd tri phwynt o'r datganiad hwn:

(a) y mae ein 'natur' yn peri i ni garu rhai unigolion (e.e. aelodau ein teulu) yn fwy nag eraill;

(b) o wneud ein dyletswydd tuag at y rhai a garwn yr ydym yn cyflawni ein dyletswydd gyffredinol (a sylfaenol) tuag at bawb;

(c) y mae cariad at ein gwlad yn estyniad o gariad at ein teulu.

Ynglŷn â'r ddau bwynt cyntaf, (a) a (b), y mae'n syndod nad yw Price yn gwneud unrhyw ymgais i ddarganfod seiliau rhesymegol i foesoldeb 'gwneud ein dyletswydd tuag at y sawl a garwn', yn ychwanegol at ddangos canlyniadau llesol hynny (sef sicrhau ffordd drefnus o ateb gofynion ein dyletswydd gyffredinol tuag at bawb). Tybed a fyddai'n dymuno dweud bod dyletswydd rhieni tuag at eu plant yn deillio o'r ffaith mai hwy fel rhieni sy'n gyfrifol am ddwyn eu plant i'r byd, a bod dyletswydd plant tuag at eu rhieni yn deillio o'r ddyled sydd arnynt iddynt hwy am eu bodolaeth (a'u magwraeth hefyd, gan amlaf)? Ni fyddai coleddu safbwynt fel hwn yn rhwymo Price i gredu mai fel canlyniad i ymresymiad fel hyn y bydd rhieni yn caru eu plant a'u plant yn eu caru hwythau, wrth gwrs.

Y mae'r trydydd pwynt, (c), yn gymhleth iawn oherwydd yn llechu yn yr hyn sydd gan Price i'w ddweud am 'ein gwlad' y mae dau gysyniad gwahanol iawn o 'wlad'. Eglura Price yn ei bregeth yr hyn a olygai wrth 'ein gwlad':

> Yn gyntaf, golygir gan 'ein gwlad' yn yr achos yma, nid y pridd neu'r darn o dir lle y digwyddodd i ni gael ein geni; nid y coedwigoedd a'r caeau ond y gymdeithas yr ydym yn rhan ohoni, a'r corff hwnnw o gymdeithion a chyfeillion a pherthnasau sydd wedi'u huno â ni o dan yr un cyfansoddiad llywodraethol, yn cael eu hamddiffyn gan yr un cyfreithiau a'u rhwymo ynghyd gan yr un drefn wleidyddol ddinesig.[12]

Y mae'r diffiniad hwn yn agos at y cysyniad clasurol o *patria*. Y *patria* oedd y drefn honno o gyfreithiau ac arferion a gydblethai ddinasyddion gan eu diogelu yn eu rhyddid. Gwnaeth Cicero y *patria* yn aelod o drindod, ynghyd â rhyddid a chyfraith (yn yr ymadrodd *pro patria, pro libertate, pro vita certamus*). Dyma yw'r *res publica*, y wladwriaeth.

O'r gair *patria*, wrth gwrs, y deillia'r gair Saesneg *patriotism*, a'r *patriotism* hwnnw sy'n deillio o'r cysyniad clasurol o *patria* oedd y math o wladgarwch a ysbrydolodd y Chwyldro Americanaidd a'r Chwyldro Ffrengig. Yn ôl Simone Weil, y mae'r Chwyldro yn esgor ar fath newydd o wladgarwch. A bod yn fanwl, yr oedd y Ffrancod yn ddinasyddion am y tro cyntaf; cyn hynny, deiliaid oeddynt. Bellach, yr hyn a wnâi rhywun yn Ffrancwr oedd ymlyniad wrth y gwerthoedd gweriniaethol.[13] Meddai Simone Weil yn *The Need For Roots*: 'Yr oedd fel pe bai bod yn Ffrancwr nid yn gymaint yn ffaith naturiol ond yn ddewis gan yr ewyllys, fel ymuno â phlaid neu sect yn ein dyddiau ni.'[14] Cawn gadarnhad o ddehongliad Price o 'ein gwlad' fel *patria* neu wladwriaeth pan fydd yn atgoffa ei gynulleidfa o natur y digwyddiad a ddethlid y diwrnod hwnnw. Meddai am y Brenin Iago, 'fe ffodd a'n gadael ni i drefnu'n dawel drosom ein hunain y cyfansoddiad llywodraethol yr ydym yn awr yn ymfalchïo ynddo'.[15] Credai Price fod gennym le i ymfalchïo yn y cyfansoddiad llywodraethol, y *patria*, oherwydd yr hawliau a ddiogelai inni, ac a restrwyd ganddo fel hyn:

yr hawl i ryddid cydwybod ym materion crefydd;
yr hawl i wrthsefyll grym a gamddefnyddir;
yr hawl i ddewis ein llywodraethwyr, ac i'w diswyddo am gamymddwyn;
ac i lunio llywodraeth i ni ein hunain. [16]

Y mae'r hawliau hyn, er eu bod hyd hynny'n anghyflawn, yn bethau i ymfalchïo yn eu cylch, ac felly'n rheswm dros garu'r *patria.* Yn y Chwyldro Gogoneddus fe drechwyd 'athrawiaethau sy'n awgrymu i Dduw greu dyn i gael ei ormesu a'i ysbeilio ac sy'n gymaint o gabledd yn ei erbyn Ef ag o sarhad ar synnwyr cyffredin'.[17] Wrth dynnu at derfyn yr adran hon o'i bregeth dywed Price: 'Yr ydych yn caru'ch gwlad ac yn ewyllysio'i hapusrwydd ac yn ddiamau y mae gennych y rheswm mwyaf dros ei charu.'[18] Gellid dweud bod Price yn credu ei bod yn ddyletswydd arnom i garu ein gwlad oherwydd ei fod yn dehongli 'gwlad' fel gwladwriaeth, ac yn credu bod y wladwriaeth Brydeinig yn ei ddydd ef yn diogelu, er yn amherffaith, hawliau sylfaenol ei dinasyddion.

Dyma'r dehongliad arferol o safbwynt Price, ac nid wyf yn amau y byddai ef ei hun yn cymeradwyo'r dehongliad hwnnw. Credaf, serch hynny, fod ymhlyg yn ei bregeth ddehongliad mwy cymhleth o'r ymadrodd 'ein gwlad'. Wrth bwysleisio nad yw'r ddyletswydd sydd arnom i garu ein gwlad yn golygu ei bod yn well na gwledydd eraill o ran ei chyfreithiau a'i chyfansoddiad y mae'n dweud:

> Pe bai hynny'n wir, mi fyddai cariad at eu gwlad yn ddyletswydd ond i ran fechan iawn o'r ddynoliaeth, gan mai prin yw'r gwledydd sydd yn mwynhau manteision deddfau a llywodraeth sy'n teilyngu eu hystyried yn well na'i gilydd.[19]

Credaf mai'r pwynt y mae Price yn ceisio ei wneud yma yw na ddylai gwladgarwch iach gynnwys unrhyw syniad o ragoriaeth dros wledydd eraill. Ond yn y ffordd y dewisa wneud y pwynt, y mae'n awgrymu'n gryf fod cariad at eu gwlad yn ddyletswydd nas cyfyngir i ran fechan iawn o'r ddynoliaeth. Hynny yw, hyd yn oed os nad yw cyfreithiau a chyfansoddiad ein gwlad gyda'r goreuon yn y byd, erys y ddyletswydd arnom i garu ein gwlad. Os felly, y mae'r ymadrodd 'ein gwlad' yn golygu mwy na'r gyfundrefn o gyfreithiau a'r cyfansoddiad llywodraethol.

Y mae'r wlad y dylem ni ei charu yn fwy gwaelodol na'r wladwriaeth: rhywbeth sydd yn ei chynnal ond sydd hefyd yn ei rhagflaenu. Y mae'r diffiniad o 'ein gwlad' yn cyfeirio at 'y gymdeithas honno yr ydym yn rhan ohoni, neu'r corff hwnnw o gymdeithion a chyfeillion a pherthnasau sydd wedi'u huno â ni o dan yr un cyfansoddiad llywodraethol'.[20] Y mae'r gymdeithas hon, y corff hwn, eisoes yn uned cyn cael fframwaith gwleidyddol. Digwyddodd y plethiad perthnasau, cyfeillion a chymdeithion dros amser maith ac yn annibynnol ar gyfansoddiad llywodraethol.

Gwelai Ferdinand Tönnies, a ysgrifennai ar ddiwedd y bedwaredd ganrif ar bymtheg, bob cymdeithas yn gyfuniad o ddau fath o ymwneud pobl â'i gilydd, a galwodd ef hwynt yn *Gemeinschaft* a *Gesellschaft*.[21] Dynoda *Gemeinschaft* gydymdreiglad pobl â'i gilydd dros gyfnod maith iawn. Pobl fydd y rhain sydd wedi eu clymu ynghyd â rhwymau gwaed, tir ac ysbryd. Gwrthgyferbynna *Gemeinschaft* â *Gesellschaft*, ffurf gynlluniedig a bwriadol ar gymdeithas. *Gemeinschaft* sydd yn esgor ar *Sittlichkeit* Hegel, a *Gesellschaft* sydd yn cynhyrchu cyfansoddiadau a chyfreithiau ysgrifenedig. Dywed Tönnies fod y ddwy ffurf yn cydfodoli ym mhob cymdeithas, fwy neu lai, yn y Gorllewin. Bydd y *Gemeinschaft* gryfaf mewn cymdeithasau traddodiadol (gwledig ar y cyfan) a *Gesellschaft* gryfaf mewn cymdeithasau modern diwydiannol.

Yr enw a roes Machiavelli ar ffurfiau traddodiadol o fyw oedd *nazione*, gair sydd yn tarddu o'r Lladin *natio*, cyff; gair a ddefnyddid gyda dirmyg gan awduron fel Cicero, Tacitus a Cesar i ddynodi pobloedd y tu allan i ffrwd waraidd y *patria*. Gyda dirmyg y defnyddia Machiavelli y gair *nazione* hefyd. Yn Gymraeg, y gair am *nazione* yw 'cenedl', ac yr wyf yn credu bod y gair 'gwlad' a ddefnyddir gan Price yn cynnwys y ddau gysyniad, gwladwriaeth a chenedl, ond ei fod i bob pwrpas yn anwybyddu'r ail. Nid oedd gan Price lawer o ddiddordeb yn y genedl. Cyfiawnder a hawliau oedd o ddiddordeb iddo ef, sef pethau a sicrheir drwy'r wladwriaeth.

Yr oedd parodrwydd Radicaliaid i anwybyddu'r genedl a diwylliant a thraddodiadau'r bobl yr oeddynt mor frwd dros sicrhau eu hawliau iddynt yn wendid mawr ym marn yr Eidalwr Vincenzo Cuoco.[22] Wrth drafod y chwyldro yn Napoli ym 1799, y mae'n mynegi edmygedd o ymgysegriad y Radicaliaid i ryddid y bobl, ond yn eu beirniadu am eu diffyg gwybodaeth am ddiwylliant y bobl a'u diffyg cydymdeimlad â'u traddodiadau. Gwahaniaethai Cuoco rhwng y *patria* a'r *nazione*, ond gwelai gysylltiad agos rhyngddynt hefyd. Iddo ef, rhaid i gariad at ein gwlad olygu mwy na chofleidio egwyddorion haniaethol; rhaid cofleidio'r genedl yn ogystal. Bellach nid yw *nazione* yn derm dirmygus. Aeth Francesco Lomonaco, un o selogion chwyldro 1799, cyn belled â dweud na lwyddai'r Eidalwyr i sicrhau *patria* iddynt eu hunain heb yn gyntaf feithrin ysbryd cenedlaethol.

Beth bynnag am Price, yr oedd nifer o'i gyfoeswyr radicalaidd a ysgrifennai yn Gymraeg yn medru uniaethu ag iaith a diwylliant eu cenedl. Ond er i Jac Glan-y-Gors a Thomas Roberts, Llwyn'rhudol, er enghraifft, dynnu sylw'n arbennig at anghyfiawnderau yng Nghymru, megis cynnal llysoedd barn mewn iaith estron, neu godi degwm gan esgobion na allent hyd yn oed adrodd Gweddi'r Arglwydd yn iaith y bobl, ni fydd y genedl fel y cyfryw, na'r genedl Gymreig yn benodol, yn cael sylw yn eu gwaith. Sôn y byddant yn ddieithriad am 'y wlad', megis pan ddywed Jac Glan-y-Gors tua therfyn *Toriad y Dydd*:

> Minnau ydwyf yn chwennych cael cadw fy mraint o fod yn ddyn rhydd, ac yn meddwl fod yn iawn i mi gael dywedyd fy meddyliau am y lywodraeth ag y sydd yn y wlad yr wyf yn byw ynddi ...[23]

Neu pan ddywed Thomas Roberts yn *Cwyn yn Erbyn Gorthrymder*:

Mae tri math o ddynion yn y wlad hon nad oes anghenraid mawr am danynt; (oddieithr fod dynion yn mawr ch[w]ennych byw dan orthrymder, a than balfau y rhai'n ag sydd ar bob achlysur yn eu twyllo o'r hyn a feddant) a'r rhain yw'r Personiaid, y Doctoriaid a'r Cyfreithwyr.[24]

Gan mlynedd yn ddiweddarach, byddai awdur o Gymro fel Syr Henry Jones yn gwahaniaethu'n bendant rhwng y genedl a'r wladwriaeth, o leiaf pan oedd yn ceisio dadansoddi'r ddau gysyniad. Nid yw'n gyson yn ei ddefnydd o dermau, ac wrth gwrs bydd yn defnyddio'r gair 'gwlad' i gyfleu'r naill a'r llall. Iddo ef, y genedl yw'r 'corff o gymdeithion a chyfeillion a pherthnasau' (Price) sy'n sail i'r 'cyfansoddiad llywodraethol' (Price), sef y wladwriaeth. I Jones, fe berthyn i'r wladwriaeth ragoriaeth ysbrydol ar y genedl. Perthyn i fyd cig a gwaed a thir fydd y genedl yn ei tharddiad, ond perthyn i fyd ysbryd ac egwyddorion fydd y wladwriaeth. Greddf sy'n cynhyrchu cenhedloedd, ond moesoldeb sy'n cynhyrchu gwladwriaethau. Eithr ni fydd Jones byth yn difrïo'r genedl; yn wir, mae ganddo barch aruthrol at y genedl, ond mae ganddo fwy o barch at y wladwriaeth.[25]

Wrth gwrs, ers cyfnod Price a'r Chwyldro Ffrengig yr oedd Rhamantiaeth wedi ailgydio yn y cysyniad o genedl, a'i ddyrchafu uwchlaw'r wladwriaeth. Felly, yr oedd Herder, fel Henry Jones, yn gwahaniaethu rhwng y genedl a'r wladwriaeth, ond yn wahanol i Jones, gosodai fwy o fri ar y genedl na'r wladwriaeth. I Herder, cynnyrch rheswm ac ewyllys dynol yw'r wladwriaeth (math o *Gesellschaft* yn nhermau Tönnies), ond cynnyrch natur ac esblygiad yw'r genedl, un o greadigaethau Duw. Iddo ef, colled enbyd fyddai colli gwladwriaeth oleuedig, ond colled drychinebus fyddai colli cenedl, oherwydd gyda'r golled honno fe gollid y cyfan. Gellir ail-greu *patria*, ond ni ellir fyth ail-greu *nazione*.

Y mae cydnabod bod y gair 'gwlad' yn cyfleu mwy nag un cysyniad yn codi'r cwestiwn pa un o'r ddau ddylai fod yn wrthrych ein cariad, y wladwriaeth neu'r genedl, y *patria* neu'r *nazione*. Y mae yn ein syniadaeth wleidyddol ddau draddodiad yn cynrychioli'r ddau ateb posibl i'r cwestiwn. Y *patria* yw ateb yr Athro Maurizio Viroli yn ei lyfr *For Love of Country*. Y mae dau amcan i'r llyfr, dehongli'r gwladgarwch hwnnw a dderbynnid yn draddodiadol ym meddylfryd y Gorllewin fel rhinwedd, sef cariad at y *patria*, a hefyd gymeradwyo'r math hwn o wladgarwch fel un sy'n rhagori'n foesol ar gariad at y genedl. Y mae'r llyfr felly'n cyflwyno dwy ddadl, un hanesyddol ac un athronyddol. Wrth drafod y gwahaniaeth a wnaeth Cuoco rhwng y *patria* a'r *nazione*, dywed Viroli:

> Fe berthyn iddynt wahanol fathau o ymlyniad: cyfeiriwn ein cariad tuag at y patria, tra cyfeiriwn, neu fe ddylem gyfeirio, ein hedmygedd a'n parch tuag at y genedl.[26]

Meddai Viroli drachefn:

> Cyflwynwyd cariad at wlad gan wladgarwyr gweriniaethol fel cariad rhesymol, cariad y bydd rheswm yn ein hannog i'w feithrin a'i gadw o fewn terfynau. Bydd rheswm yn ein hargymell i garu rhyddid oherwydd rhyddid yw da pennaf dyn: i garu'r rhyddid cyffredinol a dod yn wir wladgarwyr rhaid i ni ddysgu meddwl yn nhermau rheswm cyhoeddus a gosod rheolaeth rheswm dros ein tueddiadau naturiol megis at yr hunan a chariad at ein teulu a'n perthnasau.[27]

O edrych ar wrthrych y cariad hwn dywed y dylai gwlad deilyngu ein cariad. Os yw rhieni yn greulon, yn oeraidd ac yn dangos ffafriaeth, ni fydd eu plant yn eu caru, medd Viroli; a'r un modd yn union gyda pherthynas gwlad â'i phobl.

Dwy nodwedd amlycaf y cariad a ddisgrifir gan Viroli yw

– bod yn rhesymol a bod yn haeddiannol. Yn fy marn i, nid nodweddion cariad yw'r rhain, ond gallent fod yn nodweddion edmygedd a pharch. Y mae cariad yn fynych yn anhaeddiannol, yn ddiamod, yn afresymol ac yn emosiynol. Nid yw cariad mam tuag at ei phlentyn yn haeddiannol, ac nid yw plentyn yn caru ei fam ar sail rheswm. Y syndod mawr ynglŷn â pherthynas plant a rhieni yw eu gallu i barhau i garu ei gilydd er gwaethaf y clwyfau a achosir gan hunanoldeb a chreulondeb.

Fe ddywedwn i mai edmygedd a pharch (yn hytrach na chariad) sydd yn haeddiannol a rhesymol. Ac os yr hyn sy'n briodol i'n hymlyniad wrth y wladwriaeth yw ei fod yn haeddiannol a rhesymegol, oni ddylem ddweud, *yn groes i Viroli*, mai edmygedd a pharch sydd (o bosib) yn briodol i'w dangos tuag at y wladwriaeth, ac nid cariad? Ac oni allwn fynd ymhellach a dweud mai'r gwrthrych cymdeithasol sydd yn amlach na dim arall yn ennyn cariad tuag ato'i hun yw'r genedl?

Yr wyf am awgrymu bod a wnelo hyn â'r ffaith fod cenedligrwydd yn fwy sylfaenol i'n hunaniaeth fel unigolion nag yw dinasyddiaeth. Nid ein hawliau a'n hiawnderau (a sicrheir inni gan ein gwladwriaeth) sydd yn ffurfio ein hunaniaeth, eithr pethau fel iaith, crefydd, gwerthoedd ac achau (pethau a sicrheir inni gan y genedl). Am y rhai olaf hyn y gellir dweud 'o'r pethau hyn y'n gwnaed'. Fe'n hatgoffir o gwestiynau rhethregol Syr Henry Jones yn *Dinasyddiaeth Bur*, ond lle y dywed ef 'gwlad', dywedwn i 'cenedl':

> Iaith pwy sydd ar dy wefus di, onid iaith dy wlad? Arferion pwy a welaist ac a ddynwaredaist ac a gofleidiaist, onid arferion dy wlad? Ai ti a ddyfeisiodd y gwahaniaeth a weli di rhwng y drwg a'r da? A ddyfeisiaist ti unrhyw un o elfennau bywyd gwâr? Ai ti a sefydlodd ddeddfau dy foes, ac a osodaist sylfaen dy gred grefyddol? Na![28]

Fe berthyn ein *nazione* i'n hunaniaeth mewn ffordd fwy sylfaenol a mwy parhaol nag unrhyw *patria*, a dyna paham y perthyn mwy o angerdd i'n hymlyniad wrthi nag i'n hymlyniad wrth y *patria* (yn yr achosion hynny lle y mae'r ddwy elfen yng ngwneuthuriad gwlad yn wahanadwy). Y mae'n briodol galw'r angerdd hwn yn gariad.

Er i'w bregeth ganolbwyntio ar ragoriaethau'r *patria* a phwysigrwydd meithrin agweddau rhesymol, y mae Price yn cydnabod yr elfen angerddol mewn cariad at ein gwlad:

> Bu cariad at ein gwlad erioed yn destun cymeradwyaeth frwd, ac yn bendant y mae yn deimlad aruchel ac anrhydeddus; ond, fel pob nwyd arall, rhaid ei reoli a'i gyfeirio.[29]

Dyma a ddywed y gwreiddiol:

> The love of our country has in all times been a subject of warm commendations, and it is certainly a noble passion; but like all other passions, it requires regulation and direction.[30]

Yng ngwaith Price y mae i'r gair 'passion' ystyr fanwl. Yn ei brif waith ar foeseg, *A Review of the Principal Questions in Morals*, y mae'n diffinio 'passion' mewn ffordd sydd yn gosod mewn perthynas â'i gilydd y rhesymol a'r angerddol:

> affections … may most properly signify the desires founded in the reasonable nature itself, and essential to it … These, when strengthened by instinctive determinations … are, properly passions.[31]

I raddau helaeth y mae'r rhesymol a'r angerddol yn gymysg ynom, gyda'r angerddol yn cynnig cynhaliaeth i'r rhesymol.

> But it must not be forgotten, that in men, the sentiments and tendencies of our intelligent nature are, in a great degree, mingled with the effects of arbitrary constitution … Rational and dispassionate benevolence would, in us, be a principle much

too weak, and utterly insufficient for the purposes of our present state. And the same is true of our other rational principles and desires.[32]

Neges amlwg Price yw y dylai ein cariad at ein gwlad bob amser gael ei ffrwyno gan ein gofal i sicrhau cyfiawnder a thegwch, sef yr iawnderau a'r hawliau a ddaw i ni drwy gyfrwng gwladwriaeth. Heb elfen o angerdd, fodd bynnag, gall yr ymlyniad deallusol wrth egwyddor cyfiawnder a thegwch brofi'n aneffeithiol. Tybed a oes ymhlyg yn safbwynt Price gred fod parch tuag at y *patria* i'w angori mewn cariad tuag at y *nazione*? Pe byddai ef yn credu hynny, byddai'n cofleidio safbwynt tebyg iawn i'r un a fynegwyd gan Rousseau yn ei lyfr ar lywodraeth Gwlad Pwyl. Rhagwelai y byddai'r Rwsiaid yn ymgorffori Gwlad Pwyl yn Rwsia: hynny yw, byddent yn traflyncu *patria*'r Pwyliaid. Dan amodau felly, meddai, yr unig ffordd i gadw'n fyw y posibilrwydd o gynnal gwladwriaeth rywbryd yn y dyfodol yw ymaflyd yn y genedl, yr uned ddiwylliannol. Dyma'r unig ffordd, yn ôl Rousseau, i sicrhau, pe llyncid chi, na chaech eich treulio hefyd.

Arwyddocâd sefydlu'r Cynulliad Cenedlaethol i Gymru yw ei gwneud hi'n bosibl i ni garu a pharchu ein gwlad yn llawn ystyr y cysyniad cyfansawdd hwnnw, oherwydd dyma egin *patria* y gallwn rywbryd efallai ei hedmygu a'i pharchu. Ond mae'n briodol inni wrth groesawu'r posibilrwydd hwn gofio bod hynny'n ddichonadwy oherwydd bod rhywrai ym mhob cenhedlaeth wedi caru'r genedl.

Nodiadau

[1]   Price, R. (cyfieithiad Cymraeg gan P. A. L. Jones), *Cariad at ein Gwlad: A Discourse on the Love of our Country* (Aberystwyth: Llyfrgell Genedlaethol Cymru, 1989), t. 36.

[2]   Ibid., t. 37.

[3]   Ibid., t. 38.

[4] Ibid., t. 38.

[5] Nussbaum, M. C. ac eraill (gol. Joshua Cohen), *For Love of Country: Debating the Limits of Patriotism* (Boston: Beacon Press, 1996), t. 7.

[6] Ibid., t. 126.

[7] Ibid., t. 92.

[8] Ibid., t. 125.

[9] Ibid., t. 94.

[10] McMahon, J., 'The Limits of National Partiality' yn Robert McKim a Jeff McMahon (gol), *The Morality of Nationalism* (Rhydychen: Gwasg Prifysgol Rhydychen, 1997), t. 116.

[11] Price, R., *Cariad at ein Gwlad*, t. 39.

[12] Ibid., t. 34.

[13] Weil, S., *The Need for Roots* (Llundain: Routledge & Kegan Paul, 1952), t. 105.

[14] Ibid., t. 106.

[15] Price, R., *Cariad at ein Gwlad*, t. 57.

[16] Ibid., t. 58.

[17] Ibid., t. 59.

[18] Ibid., t. 65.

[19] Ibid., t. 35.

[20] Ibid., t. 34.

[21] Gweler Tönnies, F., *Community and Association* (Llundain: Routledge & Kegan Paul, 1955).

[22] Viroli, M., *For Love of Country: An Essay on Patriotism and Nationalism* (Rhydychen: Gwasg Prifysgol Rhydychen, 1995), t. 108.

[23] Jones, J., *Seren Tan Gwmmwl a Toriad y Dydd* (Lerpwl: Hugh Evans a'i Feibion, 1923), t. 29 yn *Toriad y Dydd*.

[24] Roberts, T., *Cwyn yn erbyn Gorthrymder* (Caerdydd: Gwasg Prifysgol Cymru, 1928), t. 15.

[25] Gweler Matthews, E. G., *Yr Athro Alltud: Syr Henry Jones 1852-1922* (Dinbych: Gwasg Gee, 1998), tt. 123-9.

[26] Viroli, M., op. cit., t, 109.

[27] Ibid., t. 124.

[28] Jones, H., *Dinasyddiaeth Bur ac Areithiau Eraill* (Caernarfon: Undeb Chwarelwyr Gogledd Cymru, 1911), t. 30.

[29] Price, R., op. cit., t. 34.

[30] Ibid., t. 2.

[31] Price, R., *A Review of the Principal Questions in Morals* (Rhydychen: Gwasg Prifysgol Rhydychen, 1948), t. 74.

[32] Ibid., t. 74.

Cydnabyddiaeth a Hunaniaeth

E. Gwynn Matthews

> Caiff y galw am gydnabyddiaeth … ei ddwysáu gan y cyswllt
> tybiedig rhwng cydnabyddiaeth a hunaniaeth, lle y golyga'r
> ail derm rywbeth fel dealltwriaeth rhywun o bwy ydyw, o'i
> nodweddion diffiniol sylfaenol fel bod dynol. Y ddamcaniaeth yw
> fod ein hunaniaeth wedi ei llunio yn rhannol gan gydnabyddiaeth
> neu ddiffyg cydnabyddiaeth. (Charles Taylor)[1]

YN Y PAPUR HWN byddaf yn ceisio cyflwyno ymdriniaeth dau
awdur cyfoes o'r cysyniad o gydnabyddiaeth, a'r hyn sy'n
ei ganlyn yn anochel, yr ymwybyddiaeth o hunaniaeth. Y ddau
awdur yw Francis Fukuyama a Charles Taylor. Americanwr
yw Fukuyama a ddaeth i amlygrwydd gyda'i lyfr *The End of
History and the Last Man* (1992) lle y gwêl gwymp yr Undeb
Sofietaidd a gwladwriaethau comiwnyddol dwyrain Ewrop fel
rhan o batrwm sy'n ei amlygu ei hun mewn hanes. Athronydd
o Montreal, Canada, yw Charles Taylor. Ei gyfrol bwysicaf yn
ddiamau yw *Sources of the Self: The Making of the Modern Identity*
(1989). Yn y drafodaeth hon, fodd bynnag, cyfyngaf fy sylw i
gyfrol a gyhoeddwyd ganddo dan y teitl, *Multiculturalism and
'The Politics of Recognition'* (1992). Yn ogystal â thraethu safbwynt
Taylor, mae'r gyfrol hefyd yn cynnwys ysgrifau beirniadol gan
bedwar athronydd arall. Mae'n ddiddorol fod llyfrau Fukuyama
a Taylor a drafodir yma wedi ymddangos yn yr un flwyddyn.
Mae Fukuyama a Taylor ill dau yn ysgrifennu dan ddylanwad
syniadau Hegel, ac fe gyhoeddodd Taylor weithiau ar athroniaeth
Hegel, sef *Hegel* (1975, gwaith gorchestol) a *Hegel and Modern
Society* (1979).

Mae Fukuyama a Taylor yn gweld y drafodaeth fodern ar gydnabyddiaeth yn dechrau gyda Hegel. Mae'n debyg y byddai'n deg dweud mai ei drafodaeth o ymwybyddiaeth ym mhennod iv o *Die Phänomenologie des Geistes* (*Ffenomenoleg Ysbryd* neu *Ffenomenoleg Meddwl*) oedd y wedd ar ei athroniaeth a fu fwyaf dylanwadol yn yr ugeinfed ganrif. Mae ei drafodaeth yn agor gyda'r frawddeg:

> Bodola hunanymwybyddiaeth ynddi'i hun, ac iddi'i hun, yn gymaint â'i bod, a thrwy'r ffaith ei bod, yn bodoli i hunanymwybyddiaeth arall: hynny yw, dim ond trwy gael ei chydnabod, y mae'n bodoli.[2]

Mae Fukuyama yn gwneud y sylw canlynol ar ddadansoddiad Hegel:

> Mae 'dyn cyntaf' Hegel yn rhannu gyda'r anifeiliaid chwantau naturiol sylfaenol, megis yr awch am fwyd, cwsg, lloches ac uwchlaw pob dim yr awydd i ddiogelu ei fywyd ei hun. I'r graddau hyn y mae'n rhan o'r byd naturiol neu faterol. Ond y mae 'dyn cyntaf' Hegel yn wahanol yn ei hanfod i'r anifeiliaid yn gymaint â'i fod yn chwennych nid yn unig wrthrychau real, 'cadarn' – tamaid o gig neu siaced o groen blewog i gadw'n gynnes, neu loches i fyw dani – ond, yn ogystal â hynny, wrthrychau hollol anfaterol. Uwchlaw popeth mae'n chwennych deisyfiad dynion eraill, sef bod ar eraill ei eisiau, hynny yw, i gael ei *gydnabod*. Yn wir, i Hegel, ni allai unigolyn ddyfod yn hunanymwybodol, sef cael ymwybyddiaeth ohono'i hun fel bod dynol ar wahân, oni bai iddo gael ei gydnabod gan fodau dynol eraill. Yr oedd dyn, mewn geiriau eraill, yn fod cymdeithasol o'r cychwyn: y mae ei synnwyr o hunan-werth ynghlwm wrth y gwerth a ddyry pobl eraill arno.[3]

Fel yr ymhelaetha Hegel ar ei ddadansoddiad, mae'n amlwg nad yw'r dyn cyntefig yn fodlon ar gydnabyddiaeth seml ei gyd-ddyn, mae'n awyddus i sicrhau cydnabyddiaeth o'i flaenoriaeth yn ogystal. Mae'r ymgais am gydnabyddiaeth felly yn arwain nid at gydweithredu ond at gystadlu. Un o nodweddion mwyaf arwyddocaol y cystadlu rhwng y 'dyn cyntaf' a'i gyd-ddyn yw ei fod yn fodlon peryglu ei fywyd ei hun yn yr ymdrech. Ni ellir gorbwysleisio'r elfen hon, sef parodrwydd dynion i farw dros bethau nad ydynt yn fiolegol hanfodol i fywyd. Y mae un o dri chanlyniad yn bosibl i'r ymrafael. Fe allai'r ddau ymladdwr gael eu lladd – a dyna ddiwedd ar fywyd, hyd yn oed yn ei ystyr fiolegol waelodol. Gall un ladd y llall – ond yn yr achos hwnnw, byddai'r lladdwr wedi diddymu'r ymwybyddiaeth ddynol arall sydd yn gyfrwng y gydnabyddiaeth y mae'n ei cheisio. Gall un drechu'r llall heb ei ladd – sefyllfa sy'n esgor ar ddau fath o ymwybyddiaeth, sef ymwybyddiaeth y trechwr (arglwyddiaeth) ac ymwybyddiaeth y darostyngedig (gwaseidd-dra). Y trydydd posibilrwydd a wireddwyd yn hanesyddol.

Mae tri pheth i'w pwysleisio ynglŷn â'r dadansoddiad hwn: [1] parodrwydd y trechwr i fentro ei fywyd ei hun; [2] natur anghyfartal perthynas pobl â'i gilydd mewn cymdeithas, neu rhwng cymdeithasau a'i gilydd, sefyllfa sy'n arwain at densiwn yn hytrach na harmoni; [3] diffyg bodlonrwydd llwyr y trechwr, ar waethaf ei fuddugoliaeth, am mai cydnabyddiaeth gan un a ystyria yn israddol iddo yw'r gydnabyddiaeth a enillodd. Y parodrwydd i farw dros yr hyn nad yw'n angenrheidiol i gynnal bywyd biolegol sy'n dangos gliriaf fod dyn yn fwy nag anifail yn unig a dyma ffynhonnell ei ryddid. Nid yw pawb mor barod i fentro eu bywyd, fodd bynnag. Yn ôl Hegel, yn hanesyddol yr ymladdwyr a oedd yn fodlon mentro'r cyfan (gan gynnwys eu bywydau) a enillodd rym ac a lwyddodd i arglwyddiaethu dros gymdeithasau cyntefig ac egin-wladwriaethau.

Pa elfen yn y bersonoliaeth ddynol sy'n arwain pobl i fod yn barod i wynebu angau dros yr hyn nad yw'n angenrheidiol i gynnal bywyd y corff? Mae Fukuyama yn cael yr ateb yn nadansoddiad Socrates o'r enaid yn *Y Wladwriaeth*. Yn ôl y dadansoddiad hwnnw, mae tair rhan i'r enaid, a enwir gan Syr Emrys Evans yn ei gyfieithiad Cymraeg o'r *Wladwriaeth* fel y rhan resymol, y rhan ysbrydlon a'r rhan chwantol. (Y termau cyfatebol a ddefnyddir gan gyfieithwyr i'r Saesneg yw 'rational', 'spirited' ac 'appetitive'.) Mae'r rhannau hyn yn cyfateb i'r tair elfen yn y wladwriaeth ddelfrydol: y Gwarcheidwaid (sef y llywodraethwyr), y Cymhorthiaid (yr amddiffynwyr neu'r milwyr) a'r Llafurwyr (y gweithlu a phawb arall). Yr amddiffynwyr yw'r rhai sy'n barod i aberthu eu bywydau, ac maent yn cyfateb i'r rhan ysbrydlon o'r bersonoliaeth ddynol. Maent yn eofn.

Y gair Groeg a gyfieithwyd gan Emrys Evans fel 'yr elfen ysbrydlon' yw *thumos*, ac mae'r berthynas rhwng *thumos* a rheswm yn ddiddorol. I alluogi Adeimantos (yn *Y Wladwriaeth*) i weld natur y berthynas honno, mae Socrates yn adrodd hanes Leontios fab Aglaeon.

'Yr oedd Leontios, fab Aglaeon, meddai'r hanes, yn mynd i fyny o Peiraews gyda'r mur gogleddol, o'r tu allan iddo, ac fe ganfu gyrff yn gorwedd yn ymyl y dienyddiwr. Daeth arno chwant edrych arnynt, eithr ar yr un pryd yr oedd hynny yn ffiaidd ganddo, a cheisiai droi ymaith; ac am ysbaid ymrwyfo a chadw ei lygaid ynghau. O'r diwedd fe'i trechwyd gan ei chwant, ac agorodd ei lygaid yn rhwth, a rhedeg at y cyrff, a dywedyd: "Dyna i chwi, y cythreuliaid; cymerwch eich gwala o'r olygfa hardd!"'

'Clywais innau ef hefyd.'

'Ond fe arwydda'r hanesyn yma iti fod llid ar brydiau yn ymladd yn erbyn y chwantau, fel petai'r naill yn wahanol i'r llall.'

'Gwir, fe wna.'

'Ar brydiau eraill hefyd oni welwn yn fynych, pan fo chwantau yn gormesu ar ddyn yn groes i'w reswm, ei fod yn ei ddwrdio ei hun ac yn digio wrth yr hyn sy'n gormesu o'i fewn, a bod ei ddicter, megis pan fo dwy blaid yn ymdynnu, yn mynd i bledio rheswm? Eithr dicter yn ymuno â'r chwantau, pan benderfyno rheswm na ddylent hwy ei wrthwynebu – ni thybiaf yr haerit iti weled peth felly yn digwydd erioed ynot dy hun, nac ychwaith yn neb arall.'

'Na, myn Duw.'

'Beth pan fo dyn yn tybied ei fod ar fai? Onid gwir mai po fwyaf nobl fo, lleiaf oll y gall ddal dig pan fo'n newynu ac yn rhynnu ac yn dioddef unrhyw gosb arall o'r fath oddi ar law'r gŵr sydd, fel y barna ef, yn ei gosbi yn gyfiawn? Fel y dywedaf, ni fyn ei ysbryd ymenynnu yn erbyn hwnnw.'

'Gwir.'

'Ond beth pan gredo ei fod yn cael cam? Onid yw'r pryd hynny yn berwi ac yn ffromi ac yn brwydro dros yr hyn sydd, i'w dyb ef, yn gyfiawn? Er y newyn a'r rhynnod a'r holl gyfryw ddioddefiadau, y mae'n ymgynnal ac yn concro, ac ni phaid â'i waith nobl nes ei ddwyn i ben, neu ddarfod amdano, neu gael ei alw yn ôl gan y rheswm sydd ynddo, fel y gelwir ci gan ei fugail, ac ymdawelu.'[4]

Mae sylwadau rhai esbonwyr ar y ddeialog hon yn ddiddorol. Dyma, er enghraifft, sylwadau Cross a Woozley:

Gall dyn fod yn ddig wrtho ef ei hun ... oherwydd iddo dybied bod ei ymddygiad wedi gwneud iddo ymddangos yn ffôl, neu wedi bod yn annheilwng ohono. Mae teimlo'n ddig yn golygu bod yn ymwybodol ohonof fy hun fel person mewn ffordd na theimlaf wrth deimlo chwant. Adwaith ydyw i'm darganfod fy hun wedi cael fy rhoi, fel arfer drwy weithred rhywun arall, mewn sefyllfa na haeddais ac sy'n annheilwng ohonof, fel yr awgrymir gan y gair *indignatio* ... ni ddylem golli golwg ar yr elfen honno mewn dyn sy'n ei wneud yn ymwybodol ohono'i hun nid yn unig fel unigolyn ymysg unigolion eraill, ond fel unigolyn a ddycpwyd gan amgylchiadau bywyd i gystadleuaeth â hwy.[5]

Mae'r gair *indignation* yn codi hefyd yn sylwadau Fukuyama ar *thumos*:

Rhywbeth tebyg i synnwyr dynol cynhenid o gyfiawnder yw
thumos: credwn fel unigolion fod gennym werth arbennig, a
phan fo pobl eraill yn ymddwyn fel pe na bai'r gwerth hwnnw
gymaint yn eu golwg hwy – pan na fyddant yn *cydnabod* gwir faint
y gwerth hwnnw – byddwn yn ddig. Gwelir y berthynas agos
rhwng hunanwerthusiad a dicter yn y gair Saesneg sy'n gyfystyr â
dicter, *indignation*. Y mae *dignity* yn cyfeirio at synnwyr rhywun
o hunan-werth; cyfyd *indignation* pan ddigwydd rhywbeth sy'n
tramgwyddo'r synnwyr hwnnw. O'r tu arall, pan wêl pobl eraill
nad ydym yn byw yn unol â'n synnwyr ein hunain o'n hunan-
werth, fe deimlwn *gywilydd*; a phan werthusir ni yn deg (h.y., yn
gymesur â'n gwir werth) fe deimlwn *falchder*.[6]

Wrth gwrs, nid yw *thumos* yn gyfystyr â chysyniad Hegel o
gydnabyddiaeth, er fod cysylltiad rhwng y ddau. 'Nid yw *thumos*
Platon yn ddim amgen na phreswylfa seicolegol deisyfiad Hegel
am gydnabyddiaeth,' meddai Fukuyama. Yn eu trafodaeth
o ddadansoddiad triphlyg Platon o'r enaid, diffinnir yr elfen
ysbrydlon gan Cross a Woozley fel 'the pursuit of ambition and
self-assertion'.[7]

Wrth ymhelaethu ar y cysyniad o *thumos*, mae Fukuyama
yn gwneud dau bwynt pwysig iawn, sef ar y cyntaf fod modd i
thumos arwain at ddicter ynglŷn â diffyg cydnabyddiaeth i eraill.
Rhai o'r enghreifftiau a drafodir ganddo yw dicter taleithiau
gogleddol America yn erbyn taleithiau'r de oherwydd eu bod,
drwy arfer caethwasiaeth, yn ymatal rhag rhoddi cydnabyddiaeth
deilwng i'r caethweision. Bu i lu o ogleddwyr fentro eu
bywydau a'u heiddo bydol dros ennill rhyddid i gaethweision
y de. Enghraifft arall yw'r modd y bu gweithredu dicllon gan
filoedd o bobl wyn yn erbyn cyfundrefn apartheid De Affrica.
Yn ail, fel y dengys yr enghreifftiau hyn, y mae *thumos* torfol
i'w gael. Gall grŵp, yn ogystal ag unigolion, deimlo diffyg
cydnabyddiaeth, a gall hynny arwain at weithredu torfol.

Prif thesis Fukuyama yw mai'r dyhead am gydnabyddiaeth

sydd wedi bod wrth wraidd sefydlu democratiaeth. Yr angen sydd ar bobl i gael eu cydnabod sydd wedi eu sbarduno i ymdrechu dros hawliau a pharch cyfartal, sef democratiaeth. Dadleua y bydd pobl nad ydynt yn mwynhau breintiau democrataidd yn bobl anfodlon ac aflonydd, hyd yn oed pan fo'u hamgylchiadau economaidd yn gysurus. Yn y pen draw ni fydd dim yn eu bodloni, oni bai fod eu hurddas dynol yn cael ei gydnabod.

Mae Fukuyama am danlinellu'r ffaith mai dyhead am rywbeth sydd heb fod yn faterol yw'r ysgogiad pwysicaf tuag at ddemocratiaeth. Dyna yr oedd Hegel yn ei fynegi gyda'i syniad o barodrwydd y 'dynion cyntaf' i wynebu colli'r cyfan, gan gynnwys eu bywyd, yn eu hymdrech i ennill cydnabyddiaeth (rhywbeth hollol anfaterol), ac yn hyn, meddai Fukuyama, yr oedd wedi cael gwell gafael ar sylfaen y wladwriaeth ryddfrydol nag awduron fel Hobbes a Locke. Yr oedd Hobbes yn dweud mai er mwyn ymestyn ei ddyddiau ar y ddaear a mwynhau cysuron bywyd mewn diogelwch y daeth dyn allan o'i gyflwr ymladdgar naturiol a ffurfio cyfamod cymdeithasol. Deillio o athroniaeth Locke y mae'r syniadaeth sydd wrth wraidd Datganiad Annibyniaeth America, gyda 'pursuit of happiness' yn cael ei ddehongli i raddau helaeth fel sicrhau'r amodau i alluogi dinasyddion i ddod yn berchnogion eiddo. A mynd yn ôl at ddehongliad triphlyg Socrates o'r enaid, gellid dweud bod y bywyd bwrgeisiol gorllewinol modern wedi dyrchafu'r elfennau rhesymol a chwantol dros yr ysbrydlon.

Gellir deall y broses o foderneiddio … a ymledodd dros nifer aneirif o wledydd y byd fel buddugoliaeth raddol rhan chwantol yr enaid, dan gyfarwyddyd y rhan resymol, dros y rhan ysbrydlon (thumosaidd) … Yn y naill gymdeithas ar ôl y llall cynigiwyd bargen Hobbes i hen ddosbarth y bendefigaeth: sef eu bod yn cyfnewid eu balchder thumosaidd am y gobaith o fywyd o feddiannu materol heddychlon diderfyn. Mewn rhai gwledydd, fel Japan, fe wnaed y cyfnewidiad hwn yn agored: gwnaeth y wladwriaeth foderneiddiol aelodau hen ddosbarth y Samurai (dosbarth yr amddiffynwyr) yn wŷr busnes.[8]

Cydnebydd Fukuyama fod posibiliadau dinistriol iawn i *thumos*. Yn wir, fe sylweddolai Socrates hynny, gan iddo ddweud y byddai amddiffynwyr ysbrydlon a oedd yn amddifad o reswm yn debygol o ddinistrio'r ddinas cyn i'r gelyn gael cyfle i wneud hynny! Nid oes unrhyw warant, meddai Fukuyama, y bydd *thumos* unigolion yn eu harwain i geisio cydnabyddiaeth o'u *cydraddoldeb* â'u cyd-ddyn: gall *thumos* eu gyrru i geisio cydnabyddiaeth o'u *blaenoriaeth* dros eu cyd-ddyn. Mae hyn yn ein hatgoffa o ddiffiniad Cross a Woozley (uchod) o *thumos* fel 'the pursuit of ambition and self-assertion'. Mae posibiliadau tra pheryglus *thumos* yn amlycach fyth pan ystyriwn sut y gall *thumos* torfol ei fynegi ei hun.

Gall *thumos* a ymddangosodd gyntaf fel math o hunan-barch hefyd ei fynegi ei hun fel awch i oruchafu. Yr oedd y wedd hon, yr ochr dywyll i *thumos*, yn bresennol o'r cychwyn cyntaf yn nisgrifiad Hegel o'r frwydr waedlyd, gan mai'r deisyfiad am gydnabyddiaeth a achosodd y frwydr gyntefig a arweiniodd yn y diwedd at oruchafiaeth yr arglwydd dros y caethwas. Arweiniodd rhesymeg cydnabyddiaeth yn y pen draw at awydd am gydnabyddiaeth gyffredinol, hynny yw, at imperialaeth.[9]

Bathodd Fukuyama derm am y math hwn o *thumos* chwyddedig, boed mewn unigolyn neu grŵp, sef 'megalothumia'.

Mewn unigolion mae megalothumia gwleidyddol yn ei fynegi ei hun yn yr awydd i fod yn unben dros aelodau eraill cymdeithas, ac mewn grŵp o fewn cymdeithas bydd megalothumia yn ei fynegi ei hun fel yr awydd i fod yn ddosbarth breiniol neu aristocrataidd. Ar raddfa ryngwladol gall megalothumia ei fynegi ei hun fel imperialaeth, lle y bydd gwladwriaeth yn mynnu darostwng cenhedloedd a gwladwriaethau eraill fel mynegiant o'i rhagoriaeth a'i goruchafiaeth drostynt.

Mae cenedlaetholdeb, yn ôl Fukuyama, yn deillio o *thumos* torfol. Nid rhywbeth biolegol yw cenedligrwydd; mae'n dibynnu ar gydnabyddiaeth gan eraill. Mae'n gydnabyddiaeth y bydd pobl yn fodlon mentro'u heiddo bydol, ac yn aml eu bywyd hyd yn oed, er mwyn ei hennill. Nid yw cenedlaetholwyr yn rhoi'r flaenoriaeth i wella safle economaidd pobl, ond yn hytrach rhoddant flaenoriaeth i sicrhau cydnabyddiaeth ac urddas. Prif sail ei feirniadaeth o genedlaetholdeb yw ei farn nad oes i'r cais am gydnabyddiaeth o genedligrwydd sail resymol. Mae cydnabod y gwahaniaeth rhwng dynoliaeth ac anifeiliaid yn rhesymol, ond nid oes sail resymol dros gydnabod gwahaniaethau ymysg y ddynoliaeth – gwahaniaethau a gyfyd yn unig fel canlyniad i'r hyn a eilw ef yn 'hap a damwain hanes'.

Mewn gwrthgyferbyniad â hyn, bydd rhyddfrydiaeth a'r wladwriaeth ryddfrydol yn cynnig cydnabyddiaeth ar sail gwbl resymol, sef cydnabyddiaeth o unigolyn fel person, fel bod dynol. Meddai am y wladwriaeth ryddfrydol:

> Mae'n ffurf ar hunanymwybyddiaeth resymol oherwydd am y tro cyntaf bydd bodau dynol fel cymdeithas yn ymwybodol o'u gwir natur, ac yn abl i lunio cymuned wleidyddol sy'n bodoli mewn cydymffurfiad â'r natur honno.
>
> Mae'n rhaid i'r wladwriaeth ryddfrydol fod yn *gyffredinol*, hynny yw, yn cydnabod yr holl ddinasyddion am eu bod yn fodau dynol yn hytrach nag am eu bod yn aelodau o ryw grŵp cenedlaethol, ethnig neu hiliol. Ac y mae'n gorfod bod yn homogenaidd yn gymaint â'i bod wedi ei sylfaenu ar ddiddymiad y gwahaniaeth rhwng meistri a chaethweision.[10]

Gwêl Charles Taylor yn *Multiculturalism and 'The Politics of Recognition'* fod y dadansoddiad hwn o ofynion rhyddfrydiaeth fodern yn or-syml. Mae'n cytuno bod cyffredinolrwydd yn elfen hanfodol mewn cydnabyddiaeth ryddfrydol, ond mae elfen arall yn dod i'r brig yn ogystal, sef cydnabyddiaeth o wahaniaethau.

> Mae'r ddau ddull hyn o wleidydda, a seiliwyd ar barch cyfartal, yn dod i wrthdrawiad. I'r naill, mae egwyddor parch cyfartal yn golygu ein bod yn trin pobl mewn ffyrdd sy'n ddall i'w gwahaniaethau. Mae'r argyhoeddiad sylfaenol fod y ddynoliaeth yn haeddu'r math hwn o barch yn canolbwyntio ar yr hyn sy'n gyffredin ym mhawb. O ran y llall, y mae'n rhaid i ni gydnabod, a hyd yn oed feithrin, arbenigrwydd. Y cyhuddiad a wna'r cyntaf yn erbyn yr ail yw ei fod yn tramgwyddo yn erbyn egwyddor anwahaniaethu. Cyhuddiad yr ail yn erbyn y cyntaf yw ei fod yn negyddu hunaniaeth drwy orfodi pobl i mewn i fowld homogenaidd nad yw'n ddilys iddynt hwy.[11]

Mae Taylor yn olrhain y gwahaniaeth rhwng y ddau ddehongliad o urddas dynol yn ôl at Kant a Rousseau. Yr hyn sy'n greiddiol i gysyniad Kant o gydnabyddiaeth yw'r parodrwydd i gydnabod unigolion ar sail eu gallu i ymresymu yn unig. Ar y sail hon mae pob unigolyn yn teilyngu cydnabyddiaeth a chydraddoldeb urddas. Ar y sail hon hefyd dylid diystyru'r gwahaniaethau rhwng syniadau a gwerthoedd unigolion gan y wladwriaeth, heb roddi blaenoriaeth i un math o ddiwylliant neu werthoedd dros eraill.

Ceisiodd Rousseau ddangos sut y daeth cydnabyddiaeth yn elfen greiddiol o hunaniaeth gydag esblygiad cymdeithas. Yn eu cyflwr naturiol yr oedd pobl yn byw heb ystyried barn eraill amdanynt – yr oeddynt yn eu derbyn eu hunain fel yr oeddynt. Ond wrth i bobl ddod fwyfwy i gysylltiad â'i gilydd, dônt yn fwy ymwybodol o sut y maent yn ymddangos i eraill. Meddai Rousseau:

> Dechreuodd pob un ystyried y gweddill, ac i gael ei ystyried yn ei dro, ac felly y daethpwyd i osod bri ar barch y cyhoedd.[12]

Mae'r unigolyn cymdeithasol yn byw y tu allan iddo'i hun; mae'n byw bellach ym marn eraill amdano yn unig, ac o'u barn hwy amdano y deillia'i synnwyr ohono'i hunan. Meddai drachefn:

Bellach, ymgeisiai dynion i ymddangos fel yr hyn nad oeddynt. Daeth bod ac ymddangos yn ddau beth cwbl wahanol.[13]

Fe arweiniodd hyn at greu cyflwr o ddibyniaeth ar eraill, ac ar y sail hon fe ffurfiwyd gaugyfamod cymdeithasol. Y cyflwr meddwl hwn yw tarddiad anghyfartalwch mewn cymdeithas. Mae hefyd wedi arwain at ymddieithriad unigolion oddi wrth eu gwirhunaniaeth. Yn ôl Rousseau, byddai cyfamod cymdeithasol cyfiawn yn dileu dibyniaeth rhai unigolion ar unigolion eraill, ac yn eu rhyddhau o gaethiwed i'w gauhunaniaeth. Canlyniad hynny fyddai cydraddoldeb mewn cymdeithas. Fe gawn sylfaen ddamcaniaethol i'r fath gyfamod yn y *Du Contrat Social* (*Y Cyfamod Cymdeithasol*).

Y cysyniad canolog yn y ddamcaniaeth hon, wrth gwrs, yw damcaniaeth 'yr ewyllys cyffredinol'. Drwy weithrediad yr ewyllys cyffredinol, daw pob unigolyn sydd yn y cyfamod yn sofran ac yn ddeiliad ar yr un pryd, gan fod yr ewyllys cyffredinol yn deillio o bob unigolyn, a bod pob unigolyn dan ei awdurdod. Bydd ymlyniad wrth nod cyffredinol yn sicrhau nad oes rhai unigolion yn cael tra-arglwyddiaethu arnynt gan unigolion eraill. Bydd pob unigolyn yn fwy rhydd o dan y cyfamod nag a fyddai fel arall, gan ei fod yn cael ei alluogi i wneud pethau na allai fyth eu cyflawni yn ei nerth ei hun.

Eithr nid dyma'r unig wedd ar y cysyniad modern o gydnabyddiaeth, meddai Taylor. Cydnabyddiaeth yw sail hunaniaeth, ond mae hunaniaeth yn fater o sefydlu arbenigrwydd. Sail arbenigrwydd yw gwahaniaethau. Oni pherchir y gwahaniaethau, ni ellir sefydlu hunaniaeth sydd yn wirioneddol ddilys.

Yn achos gwleidyddiaeth cydraddoldeb urddas y bwriad yw
i'r drefn fod yr un fath i bawb, yr un bwndel o hawliau ac
amddiffynion; yn achos gwleidyddiaeth gwahaniaethau, yr hyn
y mae gofyn i ni ei gydnabod yw hunaniaeth unigryw unigolyn
neu grŵp, yr hyn a'u gwna'n wahanol i'r gweddill. Bernir mai'r
arbenigrwydd hwn yn neilltuol sydd wedi cael ei anwybyddu,
ei ddiystyru a'i gymhathu â hunaniaeth y mwyafrif goruchafol.
Mae'r cymhathu hwn yn faen tramgwydd o safbwynt y ddelfryd o
ddilysrwydd (*authenticity*).[14]

Yn syniadaeth Kant gwelwn wedd arall eto ar y cysyniad o
gydnabyddiaeth. Yr hyn a bwysleisir ganddo ef yw annibyniaeth
unigolion ar sail eu gallu i ymresymu. Ar y sail hon mae pob
person yn teilyngu cydnabyddiaeth a chydraddoldeb urddas.
Ar y sail hon hefyd dylid diystyru y gwahaniaethau rhwng
syniadau a gwerthoedd unigolion gan y wladwriaeth, heb
roddi blaenoriaeth i un math o werthoedd dros eraill.

Cyfeiria Taylor at y modd y gwahaniaetha Ronald Dworkin
rhwng dau fath o ymrwymiad moesol gan wladwriaethau:
ymrwymiad sylweddus (*substantive*), sef ymrwymiad i
gynnal gwerthoedd arbennig, ac ymrwymiad trefniadol
(*procedural*), lle nad oes ymrwymiad i werthoedd arbennig,
ond yn hytrach ymrwymiad i drin pob dinesydd yn gwbl
deg a chydradd, beth bynnag fo'u gwerthoedd. Nodwedd
y wladwriaeth ryddfrydol yn ôl Dworkin yw ei bod yn
cofleidio'r ymrwymiad trefniadol. Mae'r fath wladwriaeth yn
gwbl niwtral ar gynnwys neu sylwedd gwerthoedd y dinesydd
unigol. Yn hyn o beth, bydd cymdeithas ryddfrydol yn 'ddall'
i'r gwahaniaethau mewn gwerthoedd sydd yn bodoli rhwng
dinasyddion a'i gilydd.

Mae Taylor yn gweld bod y fath safbwynt yn gwahanu'r
cysyniadau o gydnabyddiaeth a hunaniaeth oddi wrth ei gilydd.
Fel enghraifft, mae'n cyfeirio at ddeddfau iaith llywodraeth
daleithiol Quebec. Mae'r llywodraeth yno yn ddemocrataidd,

ond nid yw'n niwtral (neu'n 'ddall') ar fater gwerthoedd cyn belled â bod y Ffrangeg yn y cwestiwn.

> I lywodraeth Quebec y mae'n amlwg fod parhad y Ffrangeg yn beth da. Nid yw cymdeithas wleidyddol yn ddiduedd rhwng y sawl sy'n mawrygu ymlyniad wrth ddiwylliant ein hynafiaid a'r sawl a fyn dorri'n rhydd yn enw rhyw nod o hunanddatblygiad.[15]

Nid mater yw hyn o sicrhau bod cyfle cyfartal i'r dinasyddion arfer y Saesneg neu'r Ffrangeg fel y mynnont. Byddai hynny, meddai Taylor, yn gwbl gyson â gofynion moesoldeb gwleidyddol trefniadol, sef rhyddfrydiaeth. Ond mae deddfau Quebec, er enghraifft, yn gwahardd rhai categorïau o ddinasyddion rhag dewis addysg cyfrwng Saesneg i'w plant, neu yn gwahardd defnydd o'r Saesneg mewn rhai mathau o hysbysebion.

Yn wir, nid sicrhau trefniadaeth briodol a theg ar gyfer siaradwyr Ffrangeg heddiw yn unig yw nod y polisi, ond yn hytrach sicrhau y bydd cymuned o bobl yn y dyfodol yn dewis byw eu bywydau drwy gyfrwng y Ffrangeg. Enghraifft yw hyn o foesoldeb gwleidyddol sylweddus, sydd yn gosod nod pendant i gymdeithas. Y nod hwnnw yn syml yw *survivance* – parhad neu oroesiad.

> Bydd polisïau sy'n amcanu sicrhau parhad yn fwriadol yn ceisio *creu* aelodau o'r gymuned … wrth sicrhau y bydd cenedlaethau i ddod yn parhau i'w gweld eu hunain fel siaradwyr Ffrangeg. Nid oes modd gweld y polisïau hyn fel dim mwy na darpariaeth ar gyfer poblogaeth sy'n bod eisoes.[16]

Mae Taylor yn gofyn a fedr ymrwymiad i *survivance* fod yn gyson â democratiaeth ryddfrydol, sydd fel arfer yn cael ei ddehongli fel cyfundrefn sy'n ddall i bob gwerth sylweddus? Oherwydd ei ddealltwriaeth o'r berthynas rhwng cydnabyddiaeth a hunaniaeth mae ei ateb yn gadarnhaol.

Yn union fel y mae'n angenrheidiol i bawb gael hawliau sifil cyfartal, a hawliau pleidleisio cyfartal, heb ystyried hil a diwylliant, felly hefyd dylai pawb fedru cymryd yn ganiataol fod gwerth i'w diwylliant traddodiadol.[17]

Nid yw'r safbwynt hwn heb ei broblemau, fodd bynnag. Er enghraifft, a yw'n synhwyrol honni bod pob diwylliant yn gyfwerth? Beth am ddiwylliant sydd â gwerthoedd gwrthgydraddoldeb yn rhan greiddiol ohono, er enghraifft cred yn israddoldeb un rhyw neu israddoldeb *caste* neu hil arbennig? Ond nid yw'r problemau hyn, pa mor sylweddol bynnag y bônt, yn cyfiawnhau anwybyddu hunaniaeth ym marn Taylor.

Mae ymateb athronwyr gwleidyddol i safbwynt Taylor yn amrywio, wrth gwrs. Mae Michael Walzer, er enghraifft, yn gefnogol i raddau i Taylor. Mae'n crynhoi safbwynt Taylor drwy gyfeirio at ddwy ryddfrydiaeth. Mae rhyddfrydiaeth rhif un wedi ymrwymo yn y modd cadarnaf posibl i gynnal hawliau'r unigolyn, ac yn sgil hynny i wladwriaeth sydd yn gwbl niwtral o ran argymell unrhyw nod neu ddiben i gymdeithas – ar wahân i'r nod o amddiffyn hawliau'r unigolyn a diogelwch ei dinasyddion. Mae rhyddfrydiaeth rhif dau yn caniatáu i wladwriaeth ymrwymo i sicrhau parhad a ffyniant cenedl, diwylliant neu grefydd arbennig (neu nifer benodol ohonynt) – cyn belled â bod hawliau sylfaenol unigolion (beth bynnag yw eu blaenoriaethau neu eu gwerthoedd) yn cael eu diogelu. Gwêl Walzer fod Taylor yn mabwysiadu rhyddfrydiaeth rhif dau. Mae hyn, meddai, yn briodol iawn mewn sefyllfa fel un Canada, ond nid felly i Walzer ei hun, ac yntau yn y sefyllfa Americanaidd. Er iddo efallai gychwyn gyda safbwynt rhyddfrydiaeth rhif dau (gan fod dangos parch at ddiwylliannau gwahanol yn bwysig yn ei olwg), yn y diwedd mae'n tueddu at ryddfrydiaeth rhif un gan mai honno sydd gryfaf ar fater hawliau unigolion. Yn wir, mewn cymdeithas fel yr Unol Daleithiau, ni ellir sôn am ddiwylliannau neu genhedloedd cyfansoddol, megis sefyllfa Canada, gan fod Americaniaeth fel y cyfryw yn sylfaenedig ar y cysyniad o ymdoddiad pobloedd.

I Steven Rockefeller, dim ond rhyddfrydiaeth rhif un sydd yn dderbyniol fel rhyddfrydiaeth. Dadansoddiad arall yw hwn o'r safbwynt Americanaidd – ac mae'n ddrwgdybus o 'ryddfrydiaeth Quebecaidd'.

> O'r safbwynt democrataidd nid hunaniaeth ethnig unigolyn yw ei hunaniaeth sylfaenol ef neu hi, a phwysiced ag yw parch at wahaniaethau mewn cymdeithasau democrataidd amlddiwylliant, nid hunaniaeth ethnig yw sylfaen cydnabyddiaeth o werth cyfartal a'r syniad cyplysol o hawliau cyfartal.[18]
>
> Parthed math Taylor o ryddfrydiaeth Quebecaidd gwelaf berygl dros amser i hawliau dynol gael eu herydu gan feddylfryd ymwahanu sy'n dyrchafu hunaniaeth ethnig yn uwch na hunaniaeth ddynol gyffredinol.[19]
>
> Mae democratiaeth Americanaidd wedi datblygu fel ymgais i drosgynnu'r arwahanrwydd a'r cystadlu ethnig sydd wedi cael effaith mor ddinistriol yn yr 'hen fyd', gyda rhyfel cartref Iwgoslafia yn un enghraifft ddiweddar ohono.[20]

Nid yw cyfeirio at ryfeloedd cartref yn Iwgoslafia yn gam goleuedig iawn yn y ddadl. Nid gwladwriaeth ddemocrataidd ryddfrydol oedd Iwgoslafia, beth bynnag. Mae enghreifftiau o ymwahanu cwbl heddychlon ar sail ethnig i'w cael yn yr 'hen fyd', megis ymraniad Tsiecoslofacia. Ac nid yw'r model Americanaidd yn un y gellir yn ddieithriad ei drawsblannu'n heddychlon, fel y dengys antur y Neo-Cons yn Irac. Mae Fukuyama, o leiaf, wedi dod i gydnabod hyn yn ddiweddar.

Gyda'i brofiad o fod yn un o ddinasyddion Quebec, mae dehongliad Taylor o gydnabyddiaeth, hunaniaeth a rhyddfrydiaeth yn nes at ein profiadau ni fel Cymry nag yw profiadau'r athronwyr Americanaidd, a gallwn yn hawdd uniaethu â'i osodiad:

> Gall diffyg cydnabyddiaeth neu gamgydnabyddiaeth fod yn niweidiol, yn ffurf ar ormes, sy'n carcharu rhywun mewn modd gau o fyw, modd gwyredig a darostyngedig ... Gall glwyfo'n enbyd a'r anaf yn gosod baich o hunangasineb parlysol ar y sawl a glwyfwyd. Nid mater syml o gwrteisi yn unig yw cydnabyddiaeth ddyladwy. Mae'n angen dynol hanfodol.[21]

Nodiadau

[1] Taylor, C. (Gutman, A., gol.) (1992), *Multiculturalism and 'The Politics of Recognition'*. Princeton UDA: Gwasg Prifysgol Princeton, t. 25.

[2] Hegel, G. W. F. (1807), *Die Phänomenologie des Geistes,* pennod iv, para. 178. [Am gyfieithiad Saesneg gweler Miller, A. V. *Hegel's Phenomenology of Spirit.* Rhydychen: Gwasg Prifysgol Rhydychen, 1977, t. 111.]

[3] Fukuyama, F. (1992), *The End of History and the Last Man*. Llundain: Hamish Hamilton (adarg. Llundain: Penguin Books, 1992), t. 146.

[4] Evans, D. E. (1956), *Plato: Y Wladwriaeth*. Caerdydd: Gwasg Prifysgol Cymru, t. 142, cyfieithiad o Platon, *Y Wladwriaeth*, llinellau 439e–440d.

[5] Cross, R. C. a Woozley, A. D. (1964), *Plato's Republic: A Philosophical Commentary*. Llundain: Macmillan, t. 122.

[6] Fukuyama, t. 165.

[7] Cross a Woozley, t. 115.

[8] op. cit., t. 186.

[9] op. cit., t, 182.

[10] op. cit., t. 202.

[11] Taylor, t. 43.

[12] Rousseau, *Discours sur l'origine et les fondements de l'inégalité parmi les hommes* (1758), Rhan 2. [Am gyfieithiad Saesneg gweler Cole, G. D. H. (arg. 1983), *The Social Contract and Discourses*. Llundain: Dent, t. 8.]

[13] op. cit., [Cole, t. 86].

[14] Taylor, t. 38.

[15] op. cit., t. 58.

[16] loc. cit.

[17] op. cit., t. 68.

[18] op. cit., t. 88.

[20] loc. cit.

[21] op. cit., tt. 25, 26.

Syniadaeth Wleidyddol Gwynfor Evans

Richard Wyn Jones

H EB OS NAC ONIBAI, mae Gwynfor Evans yn un o ffigyrau mawr gwleidyddiaeth Cymru yn yr ugeinfed ganrif. Yn wir, ar sawl gwedd mae'n debyg y gellir ei gyfrif ef fel y cenedlaetholwr gwleidyddol pwysicaf yng Nghymru'r cyfnod modern. Mae Saunders Lewis a Ron Davies, mewn ffyrdd tra gwahanol, ill dau yn cystadlu am yr un anrhydedd, ond tybiaf y byddai'r rhan fwyaf o sylwebyddion yn cytuno mai Gwynfor Evans piau hi. Mae'r achos o'i blaid yn eithriadol o gryf.

Bu'n Llywydd Plaid Cymru rhwng 1945 a 1981 – hynny yw, am 36 o flynyddoedd! – cyfnod sydd bron yn amhosibl ei ddirnad o gofio bod wythnos, yn ôl Harold Wilson, yn gyfnod hir mewn gwleidyddiaeth. Ond megis dechrau mynegi hyd a lled ei gamp a wna'r ffigwr moel yna. Cofier mai llywydd mewn enw yn unig (i bob pwrpas) oedd Abi Williams rhwng 1943 a 1945 ac mai Gwynfor Evans, fel is-lywydd, oedd yn ysgwyddo baich gweithredol y llywyddiaeth bryd hynny hefyd.[1] Felly teg yw dweud iddo arwain y blaid am 38 o flynyddoedd. Chwaraeodd ran ganolog yng nghynadleddau blynyddol Plaid Cymru[2] am gyfnod sy'n rhychwantu trigain mlynedd. Ym 1937, ef a roddodd gynnig gerbron y gynhadledd yn y Bala yn galw am statws swyddogol i'r Gymraeg; ym 1997, yn sgil y bleidlais ar ddatganoli, fe'i tywyswyd i'r llwyfan yn Aberystwyth i gyfarch ac i gael ei gyfarch gan y cynadleddwyr emosiynol.

Ond cofier hefyd mai brau iawn oedd trefniadaeth y blaid am

gyfnodau pur helaeth yn ystod ei lywyddiaeth, ac mai prin iawn, iawn oedd ei haelodau a'i hadnoddau.[3] Ar adegau, ymddangosai nad arwain y blaid yn unig a wnâi Gwynfor Evans; yn hytrach, ef, 'Gwynfor', *oedd* y blaid. Gweithiodd yn ddiflino drosti. Teithiodd Gymru benbaladr i annerch cyfarfodydd a mynychu pwyllgorau rif y gwlith. Rhydd ef ei hun amcangyfrif i'w gar '[g]locio deg ar hugain i bymtheg ar hugain o filoedd o filltiroedd yn gyson bob blwyddyn, yn bennaf er mwyn y Blaid'.[4] Golyga hyn ei fod wedi gyrru mwy na miliwn a chwarter o filltiroedd 'dros Gymru'![5] Ni ellir llai na rhyfeddu at ei ymroddiad yn enwedig pan gofir bod ffyrdd Cymru'r 1950au a'r 1960au dipyn yn llai cyfleus nag y maent heddiw, a bod ceir yn llai moethus o lawer. Nid ar chwarae bach yr oedd crwydro mor bell, yn enwedig o gofio bod Gwynfor Evans gan amlaf yn dychwelyd adref at ei deulu – ac at ei dai gwydr a'u tomatos – ar ôl ei gyfarfodydd fin nos. Ceir llawer o sôn am *garisma* Gwynfor Evans, ond efallai mai'r ffaith fwyaf sylfaenol a thrawiadol amdano, a'r man cychwyn ar gyfer unrhyw drafodaeth ynglŷn â'i gyfraniad i'r mudiad cenedlaethol, yw ei *stamina*.

Tanlinellir hyn pan ystyrir mai Gwynfor Evans fu lladmerydd mwyaf toreithiog achos y mudiad cenedlaethol.[6] Nid oes llyfryddiaeth gyflawn o'i waith yn bodoli ond yng nghefn y cyfieithiad o hunangofiant Gwynfor Evans, *Bywyd Cymro*, ceir llyfryddiaeth wedi ei pharatoi gan Meic Stephens a Beti Jones.[7] Ynddi, nodir 16 llyfr a 50 o bamffledi. Yn ogystal, cyfrannodd benodau lawer i wahanol gyfrolau, heb sôn am erthyglau di-rif i bapurau, a chylchgronau, a chyfnodolion mawr a mân.

Ac wrth gwrs, gwelwyd ei holl ymdrech – a'i aberth fawr ef a'i deulu – yn dwyn ffrwyth. Yng nghyfnod Gwynfor Evans fel llywydd y daeth y blaid i'w phrifiant. Ar 14 Gorffennaf 1966, cipiodd Gwynfor Evans sedd seneddol Caerfyrddin i Blaid Cymru mewn isetholiad yn dilyn marwolaeth Megan Lloyd George. Yn ôl y sylwebyddion, dim ond Gwynfor a allasai ennill y sedd honno: cyfuniad amheuthun o berson a chyd-destun yn creu canlyniad ysgytwol. Yn sicr, dyna oedd y teimlad oddi mewn i'r blaid. Yn adroddiad blynyddol Plaid Cymru ar gyfer 1966, nododd yr Ysgrifennydd, Elwyn Roberts, fod canlyniad Caerfyrddin yn 'personal triumph' i Gwynfor Evans, ac i'w briodoli

> In large measure to his personality, ability, and sincerity; his vision, his tireless service, his courageous leadership, his undaunted perseverance over long years, both in his home county and throughout Wales.[8]

Câi'r teimlad hwn ei ategu trwy rengoedd y blaid, hyd yn oed ymysg y garfan gymharol niferus a oedd erbyn hynny yn amau strategaeth Gwynfor Evans fel arweinydd, ac yn ddrwgdybus o ddylanwad y cylch cyfrin o'i amgylch – 'Llys Llangadog' fel y'i gelwid yn fynych gan gyfeirio at gartref y llywydd.[9] Ar ôl Caerfyrddin yr oedd popeth yn ymddangos yn bosibl i genedlaetholwyr Cymreig – ac i'w gelynion gwleidyddol. Hyd yn oed wedi i'r hyder (a'r braw!) cyntaf bylu, yr oedd yn amlwg na fyddai Plaid Cymru, nac yn wir wleidyddiaeth Cymru, byth yr un fath eto. Dyma i chi ddyfarniad y sylwebydd syber hwnnw Alan Butt Philip:

> In a day, the political complexion of Wales was radically altered, its new face revealed. Plaid Cymru had established its credibility as an alternative party, and all the other political parties began to assess seriously its challenge and its objectives.[10]

Fel yr oedd Gwynfor Evans ei hun yn hoff o ddweud ar y pryd, gan ddwyn i gof eiriau Wordsworth yn sgil y Chwyldro Ffrengig, yr oedd Dydd Bastille 1966 megis toriad gwawr i genedlaetholwyr Cymreig.

Buddugoliaeth Caerfyrddin a wnaeth y canlyniadau yn

isetholiadau Gorllewin y Rhondda, Caerffili a Merthyr Tudful yn bosibl. Dichon hefyd mai Caerfyrddin a alluogodd Blaid Cymru i sefydlu ei hegemoni presennol yn y Gymru Gymraeg.[11] Ond dylid cofio yn ogystal mai yng nghyfnod llywyddiaeth Gwynfor Evans y sicrhaodd Plaid Cymru ei phleidlais uchaf erioed mewn etholiad cyffredinol Prydeinig – 175,016 ym 1970. Yn yr etholiad hwnnw hefyd y derbyniodd Plaid Cymru y nifer uchaf o bleidleisiau iddi ei derbyn mewn etholiad Prydeinig yn yr ardaloedd 'di-Gymraeg'.

Ond er gwaethaf y ffaith fod ei ymroddiad rhyfeddol 'i'r achos' yn amlwg i unrhyw un sydd wedi ymddiddori yng ngwleidyddiaeth Cymru, ac yn wir yn destun edmygedd i'w wrthwynebwyr oddi allan i'r Blaid; er gwaethaf y ffaith fod arwyddocâd Caerfyrddin yn amlwg i bawb, gan gynnwys Dug Caeredin hyd yn oed;[12] yn wir, er gwaethaf y ffaith fod Gwynfor Evans yn awdur toreithiog, ac ys dywed Kenneth O. Morgan, yn 'lucid expositor of his own credo',[13] pery, serch hynny, yn *enigma*. Mae cwestiynau seicolegol dyrys i'w hateb ynglŷn â'r hyn sy'n gyrru dyn i ymroi â'r fath ddycnwch ac ymroddiad i ymladd dros achos a oedd, am gyfnod hir, mor gwbl ddilewyrch, yn ymddangosiadol beth bynnag. Cyfyd cwestiynau gwleidyddol hefyd wrth geisio cloriannu union hyd a lled ei gyfraniad i Blaid Cymru. Beth, er enghraifft, oedd cyfraniad penodol Gwynfor Evans i syniadaeth wleidyddol Plaid Cymru? Pa mor llwyddiannus oedd ei holl ymdrechion fel propagandydd? A lwyddodd i daro tant, ac os do, gyda phwy? A sut y dylid pwyso a mesur ei lwyddiant fel strategydd gwleidyddol?

Rhan o'r broblem ynglŷn â mynd i'r afael â Gwynfor Evans – a rhan o'r esboniad pam y mae'n parhau'n dipyn o ddirgelwch – yw cyn lleied sydd wedi ei ysgrifennu amdano. [Ysgrifennwyd y papur hwn cyn ymddangosiad astudiaeth Rhys Evans, *Gwynfor – Rhag Pob Brad*, 2005, Y Lolfa a *Rhoi Cymru'n Gyntaf*, 2007, Gwasg Prifysgol Cymru – gol.] Nid oes trafodaeth

fanwl a chynhwysfawr ar hynt a helynt Plaid Cymru yn ystod
y blynyddoedd y bu Gwynfor Evans yn llywydd arni. Yn sicr,
nid oes dim sy'n cyfateb i drafodaeth ddisglair D. Hywel Davies
o ugain mlynedd cyntaf Plaid Genedlaethol Cymru.[14] Mae
cyfrol Alan Butt Philip, *The Welsh Question*, yn cynnig ychydig
o arweiniad ar y blynyddoedd rhwng 1945 a 1970, a cheir
trafodaeth ddefnyddiol gan John Davies o *Plaid Cymru oddi ar
1960*. Ond nid oes dim eto sy'n cynnig gorolwg o flynyddoedd
Gwynfor Evans fel llywydd. Yn ogystal, ychydig iawn o drafod
a gafwyd ar Gwynfor Evans y person – llawer iawn llai nag a fu
ar Saunders Lewis, er enghraifft.

Cyfrol Pennar Davies, *Gwynfor Evans*, yw'r unig un sy'n
rhoi sylw penodol i'w fywyd a'i waith. Gwaetha'r modd, fe'i
cyhoeddwyd ym 1976. O'r herwydd, nid yw'n trafod dau o
ddigwyddiadau mwyaf pwysig, ac arwyddocaol o bosib, ei
yrfa wleidyddol, sef ei benderfyniad, ym 1978-9, i anwybyddu
polisi swyddogol ei blaid ei hun ynglŷn â'r refferendwm ar
ddatganoli,[15] a'i fygythiad, ym 1980, i ymprydio ar fater y sianel.
Wrth reswm, ni ellir beio Pennar Davies am ysgrifennu ei lyfr
pryd y gwnaeth, ond yr hyn sydd yn llestair o safbwynt efrydwyr
cenedlatholwyr Cymreig yw mai broliant, yn wir, moliant o
gyfrol ydyw, yn hytrach na thrafodaeth gyflawn a chytbwys.
Ceir blas ar agwedd yr awdur, ac ar naws ei ymdriniaeth, ar
dudalen gyntaf y bennod gyntaf pan ddywedir bod y gair 'sant'
yn 'llawn addas i ddisgrifio Gwynfor Evans'.[16] Elfen arall o'r
gyfrol sy'n peri rhwystredigaeth i'r darllenydd cyfoes yw mai
ychydig iawn o ffeithiau newydd a ddadlennir ynddi ynglŷn â
gwleidyddiaeth fewnol y blaid. Yn hytrach, bodlonir ar ailbobi
sylwadau Butt Philip, er y gellid disgwyl y byddai Pennar Davies,
fel cyfaill gwleidyddol a phersonol mynwesol i Gwynfor Evans,
yn meddu ar wybodaeth lawer iawn mwy trwyadl ynglŷn â'r
hyn a oedd yn digwydd 'y tu ôl i'r llen'.[17] Canlyniad hyn oll
yw fod y gyfrol yn ganllaw ddigon simsan ac annigonol i'r sawl

a fyn geisio mesur hyd a lled cyfraniad gwleidyddol Gwynfor Evans.

Mae hunangofiant Gwynfor Evans, *Bywyd Cymro*, a gyhoeddwyd ym 1982, yn ffynhonnell werthfawr tu hwnt – nid yn unig, fel y gwelwn, oherwydd yr hyn a ddywedir ynddo, ond hefyd, oherwydd yr hyn na ddywedir. Ond eto, er gwaethaf y ffaith fod elfennau hunanfeirniadol yn ei drafodaeth, go brin y gellid disgwyl i unrhyw unigolyn, pa mor wylaidd bynnag y bo, wneud dim ond cyflwyno darlun go ffafriol ohono'i hun a'i weithredoedd mewn cyfrol o'r fath. Ac wrth gwrs, mae *ego* go gadarn yn gymhwyster angenrheidiol ar gyfer unrhyw wleidydd, heb sôn am un sydd wedi llwyddo i arwain plaid wleidyddol am ymron i bedwar degawd. Felly, unwaith eto, o safbwynt ysgolheigaidd, rhaid ymdrin â'r ffynhonnell hon â chryn ofal.

Cyfraniad Syniadaethol Gwynfor Evans i'r Mudiad Cenedlaethol

Yng nghyd-destun prinder affwysol (a gwaradwyddus) trafodaeth ddeallusol o gyfraniad Gwynfor Evans i Genedlaetholdeb Cymreig, ac i fywyd Cymru yn gyffredinol, ni all yr ysgrif hon wneud mwy na chodi cwr y llen ar ambell agwedd arno. Yn benodol, yr hyn y ceisir ei wneud yma yw cychwyn at y dasg o geisio mesur hyd a lled ei gyfraniad i ddatblygiad syniadaeth wleidyddol Plaid Cymru, trwy fwrw golwg ar berthynas syniadaethol Gwynfor Evans a Saunders Lewis. Mae hon yn berthynas allweddol yng nghyd-destun esblygiad syniadaethol y blaid. Rhyngddynt, bu Saunders Lewis a Gwynfor Evans yn arweinyddion swyddogol ar Blaid Cymru am gyfnod o 49 o flynyddoedd. Os cyfrifir hefyd y cyfnodau pan fu'r ddau'n llywio'r blaid heb ddal y llywyddiaeth – sef yn ystod cyfnodau llywyddol Lewis Valentine (1925-6) a J. E. Daniel (1939-43) yn achos 'Saunders',[18] a chyfnod Abi Williams (1943-5) yn achos

'Gwynfor' – gellir dadlau eu bod wedi arwain y blaid am 56 allan o'i 75 mlynedd o fodolaeth. Felly, mae deall graddau a natur y gwahaniaethau, a'r dilyniant, rhyngddynt yn allweddol. Heb ddealltwriaeth o'r fath, nid oes modd dechrau mesur cyfraniad penodol ac unigryw Gwynfor i syniadaeth y blaid y bu'n ei harwain cyhyd.

Er gwaethaf – neu efallai'n wir oherwydd – y diffyg trafodaeth fanwl a phenodol ar y pwnc, ceir rhyw fath o gonsensws yn y llenyddiaeth ynglŷn â rôl Gwynfor Evans yn hanes y Blaid. A siarad yn amrwd, y gred gyffredinol yw fod Gwynfor Evans wedi 'achub' Plaid Cymru o afael Saunders Lewis a'i gylch ceidwadol ac adweithiol, gan ei gwneud yn fwy derbyniol i'r lliaws, a'i galluogi, ymhen hir a hwyr, i ennill cefnogaeth dorfol. Gellir amlhau dyfyniadau sy'n mynegi'r farn hon. Bodlonaf ar dri. Yn ôl Gwyn A. Williams, 'Plaid Cymru started its transformation into a social democratic party with the withdrawal of Saunders Lewis into a rather embittered isolation and the election of Gwynfor Evans as president in 1945.'[19] Dadleua Butt Philip i Blaid Cymru ddechrau ymbellhau oddi wrth ddylanwad Saunders Lewis o dan lywyddiaeth Gwynfor Evans.[20] Ac mae K. O. Morgan yn ei dro yn gwrthgyferbynnu 'cultural commitment' Saunders Lewis â 'nonconformist populism' Gwynfor Evans.[21]

Y pwynt yr wyf am ei danlinellu yw yr hyn sydd ymhlyg yn y gwahanol ddehongliadau yma, sef bod Gwynfor Evans wedi cyflwyno newid nid yn unig i *ddelwedd* y blaid, ond hefyd i *sylwedd* ei neges. Atgyfnerthir y canfyddiad hwn gan ddwy ffenomen ddiddorol, dwy ffenomen gysylltiedig o bosib, sef, yn gyntaf, fod Saunders Lewis ei hun yn credu i Gwynfor Evans – a Phlaid Cymru yng nghyfnod ei lywyddiaeth – gefnu ar y syniadau creiddiol y ceisiodd ef eu gosod yn sylfaen athronyddol iddi; ac yn ail, fod Gwynfor Evans wedi bod braidd yn gyndyn i gydnabod dylanwad syniadau Saunders Lewis ar ei syniadau ef ei hun. Mae'r ffenomen gyntaf yn ddigon hysbys. Yr wyf yn ymwybodol fod yr ail yn llawer mwy dadleuol. Manylaf yn awr ar y ddwy yn eu tro.

'Fe'm gwrthodwyd': Agwedd Saunders Lewis

Croesawodd Saunders Lewis ethol Gwynfor Evans i lywyddiaeth y blaid ym 1945. Yn Hydref 1944, dywedodd y 'dylai Gwynfor Evans gael ei gyfle i ddod yn Llywydd, ac aros cyhyd ag y gwneuthum i yn y swydd nes magu awdurdod yn y wlad'. Yn wir, fe aeth mor bell â dweud, 'Yr wyf yn argyhoeddedig mai mantais sicr i'r Blaid fydd fy ymneilltuad i o fywyd cyhoeddus; ac fe ddyry hynny hefyd gyfle a rhyddid i Gwynfor.'[22] Ond, ymhen amser, fe newidiodd ei gân. Chwerwodd tuag at Gwynfor a thuag at y blaid.

Crisialwyd ei siom ynglŷn â'r ffaith (dybiedig) fod Plaid Cymru wedi crwydro oddi ar y llwybr cul a luniodd ef ar ei chyfer yn ei sylwadau adnabyddus mewn cyfweliad ag Aneirin Talfan Davies ym 1961:

> Fe'm gwrthodwyd i gan bawb. Fe'm gwrthodwyd i ym mhob etholiad y ceisiais i fod yn ymgeisydd ynddo; mae pob un o'm syniadau – ddaru i mi ddechrau mewn cymdeithaseg, ac yng nghymdeithaseg cenedlaetholdeb – maen nhw i gyd wedi'u bwrw heibio.[23]

Ond nid cwyno o ochr y llwyfan yn unig a wnaeth. Bu Saunders Lewis yn weithgar yn annog gwrthwynebwyr Gwynfor Evans oddi mewn i Blaid Cymru. Yr oedd y rhain yn griw digon brith ar un ystyr, gan mai ychydig iawn oedd yn gyffredin rhyngddynt – rhai yn sosialwyr di-Gymraeg a oedd am ganolbwyntio egnïon y blaid ar y cymoedd, ac eraill am ganolbwyntio'n llwyr ar achub y Gymru Gymraeg wledig. Y ddolen gyswllt rhyngddynt oedd eu teimlad nad oedd dulliau cyfansoddiadol yn ddigonol, nad oedd ymlafnio i fedi pleidleisiau

mewn etholiadau digon anfynych yn ymateb digonol i argyfwng
Cymru. Yr oedd Saunders Lewis a'i ffyddloniaid yntau'n
rhannu'r un farn, a buont wrthi'n ddyfal yn procio a phryfocio,
gan annog newid cyfeiriad sylfaenol i'r blaid. Dyma, wrth gwrs,
oedd ei fwriad wrth draddodi *Tynged yr Iaith*. Gwnaeth hyn yn
gwbl eglur mewn llythyr a gyhoeddwyd yn *Y Faner* yn fuan ar
ôl y ddarlith:

> Ni soniais i air am gychwyn mudiad newydd yng Nghymru.
> Malltod yw'r mudiadau Cymreig a'u cynadleddau a'u
> penderfyniadau. Mi dybiais i ei bod yn boenus amlwg mai
> cenadwri i Blaid Cymru oedd fy narlith.[24]

Ys dywed John Davies, 'Saunders Lewis … wnaeth fwy na
neb, ddechrau'r chwedegau, i danseilio ffydd aelodau Plaid
Cymru yn arweinyddiaeth Gwynfor Evans.'[25] Dichon y byddai
wedi llwyddo yn ei fwriadau hefyd. O ystyried yr anfodlonrwydd
a oedd yn rhengoedd y blaid, a'r ymdeimlad o argyfwng a oedd
yn meddiannu cynifer o genedlaetholwyr, mentraf awgrymu
mai'r hyn a achubodd arweinyddiaeth Gwynfor Evans – a'r math
o wleidyddiaeth a gynrychiolai ef oddi mewn i'r blaid – oedd
canlyniad isetholiad Caerfyrddin. Yr oedd Caerfyrddin fel petai
yn cadarnhau gwerth y strategaeth etholiadol/gyfansoddiadol.[26]

Diddorol iawn yw nodi mai ychydig iawn o sôn a geir yn
hunangofiant Gwynfor Evans am wrthwynebiad Saunders Lewis
i'w arweinyddiaeth. Yn wir, ceir yr unig gyfeiriad sylweddol at
anghydweld rhyngddynt yng nghyd-destun achos llys aelodau'r
Free Wales Army ym 1969.[27] Dywed Gwynfor Evans i'r ffaith
iddo wrthod cais Saunders Lewis i fynychu'r achos i gefnogi'r
diffynyddion 'gyfrannu at y dieithrwch a fu rhyngom ers rhai
blynyddoedd'.[28] Noder amwysedd cynnil y dyfyniad parthed
pryd a sut yn union y dechreuodd y dieithrio.[29] Yr oedd
Gwynfor Evans yn ymwybodol o deimladau Saunders Lewis
ymhell cyn 1969!

Ymdriniaeth Gwynfor Evans o Saunders Lewis

Os bu Gwynfor Evans yn gyndyn i gydnabod rhaniadau rhyngddo ef a Saunders Lewis, mae lle i gredu iddo fod yr un mor gyndyn i gydnabod dylanwad syniadau Saunders Lewis arno. Gwelir hyn yn y modd braidd yn grintachlyd y cydnabu ei ddyled syniadaethol i Saunders Lewis yn ei hunangofiant. Ei dueddiad bob gafael yw tanbwysleisio dylanwad Saunders Lewis arno, tra'n gorbwysleisio (mewn cymhariaeth) rôl eraill. Felly, mae Gwynfor Evans yn dra pharod i gydnabod, ac yn nodweddiadol hael wrth wneud hynny, ddylanwad D. J. Davies, George M. Ll. Davies, G. D. H. Cole, Mazzini, Masaryk a llawer un arall ar ei feddwl. Mae cofiant Pennar Davies hefyd yn sôn am ddylanwad John Macmurray – y diwinydd sydd, yn ôl pob sôn, wedi dylanwadu ar Tony Blair a'r 'Third Way' bondigrybwyll.[30] Ond prin iawn, iawn yw'r cyfeiriadau at ddylanwad Saunders Lewis arno. Ceir dau gyfeiriad wrth bori yn ofalus yn *Bywyd Cymro*. Mae'r ddau yn awgrymog, ond yn fyr hyd at fod yn swta. Yn y cyntaf, sonia am ddylanwad dwy gyfrol D. J. Davies – *Can Wales Afford Self-Government* a *Towards an Economic Democracy* – ar ei syniadau. Yna dywed: 'Dylanwadodd y ddau lyfr hyn yn drwm arnaf, yn ail yn unig i Saunders Lewis.'[31] Mewn man arall, cyfeiria ato ef ei hun fel 'Ewropead brwd', gan ychwanegu, 'ni allai neb y dylanwadodd Saunders Lewis cymaint arno fod yn wahanol'.[32]

O'u tynnu o'u cyd-destun fel hyn, ymddengys y cyfeiriadau yn rhai digon hael. Ond y ffaith yw fod yn rhaid cribinio trwy 344 o dudalennau er mwyn canfod dwy hanner brawddeg! A bid siŵr, nid yw'r cyfeiriadau hyn yn arddangos yr un haelioni ac eangfrydedd â gweddill y gyfrol. Yn hytrach, mae dyn yn synhwyro rhyw oerni annodweddiadol. Gwelir yr un ffenomen wrth i Gwynfor Evans drafod datblygiad Plaid Cymru. Os creffir ar ei fraslun o hanes Plaid Cymru yn *Cof Cenedl*, er enghraifft, yr hyn sy'n drawiadol unwaith eto yw mai cymharol fach yw'r sylw a roddir i Saunders Lewis.[33] Yn wir y tueddiad pob gafael yw tanbwysleisio ei rôl. Felly, tra clywn, mewn hanner brawddeg arall, mai 'Saunders Lewis fu'r prif arweinydd o'r dechrau'[34] D. J. Davies sy'n cael y clod fel 'prif luniwr' polisïau economaidd y blaid ifanc.[35] Efallai'n wir mai dyna a fyddai wedi bod yn ddoeth; wedi'r cwbl, yr oedd D. J. Davies a'i wraig, Noëlle, ben-ac-ysgwydd uwchlaw gweddill aelodau'r Blaid o safbwynt dealltwriaeth economaidd, ac mae pamffled Davies, *The Economics of Welsh Self-Government*, yn parhau i ddarllen yn syfrdanol o gyfoes ymron i 70 mlynedd ar ôl ei gyhoeddi gyntaf ym 1931. Ond y gwir amdani yw mai'r cysyniad o 'berchentyaeth' – cysyniad a grëwyd gan Saunders Lewis, trwy gymysgu syniadau economaidd y Dosrannwyr gyda lefain ei ddealltwriaeth (anghyflawn a chwbl unllygeidiog o ramantaidd) o economeg gymdeithasol oes aur y beirdd yn y bymthegfed ganrif – a ddefnyddiwyd gan Blaid Cymru i gyflwyno ei pholisi economaidd yn ystod ei gyfnod arweinyddol.[36] Yn ogystal, fel y dangosodd Emyr Wynn Williams, dim ond am gyfnod cymharol fyr y bu D. J. Davies yn chwarae rhan ganolog fel lluniwr polisi i'r blaid. Yn hytrach, canolbwyntiodd ef a'i briod eu hegnïon ar ymdrech i sefydlu Ysgol Werin ar y patrwm Llychlynaidd ym mhlasty Pant y Beilïau.[37] Saunders Lewis ei hun oedd awdur y pamffledi economaidd allweddol, *The Case for a Welsh National Economic Development Council* (1933), *Local Authorities and Welsh Industries* (1933), a *TVA for Wales* (1945). Er gwaeth neu er gwell, ef oedd prif awdur a phrif ladmerydd polisïau economaidd y blaid ifanc.

Gwelir enghraifft drawiadol arall o'r duedd hon i orbwysleisio cyfraniad eraill ar draul cyfraniad Saunders Lewis yn ymdriniaeth Gwynfor Evans o'r 'Tân yn Llŷn' a'i ganlyniadau. Wrth adrodd hanes yr achos llys cyntaf gerbron Brawdlys Caernarfon, dim ond at araith Lewis Valentine y cyfeiria![38] Tra sylweddolwn fod gofod yn brin mewn unrhyw ysgrif gymharol fer sy'n ceisio cloriannu hanes mudiad gwleidyddol dros gyfnod o 70 o flynyddoedd, a bod yn rhaid dewis a dethol yn ofalus heb obeithio cyffwrdd â phopeth o bwys, y gwir amdani, serch hynny, yw fod trafod yr achos llys hwnnw heb drafod araith fawr Saunders Lewis yn rhoi camargraff llwyr o'r hyn a ystyrid ar y pryd, ac yn ddiweddarach, fel ei foment bwysicaf. Yn wir, pa ffon fesur bynnag a ddefnyddir, yr oedd araith Saunders Lewis yng Nghaernarfon yn un o'r digwyddiadau pwysicaf yn hanes cynnar Plaid Cymru, ac yn drobwynt yn hanes cenedlaetholdeb Cymreig. Mae Gwynfor Evans yn ormod o hanesydd i beidio â sylweddoli hynny'n burion.[39]

'Disgybl ar lawer cyfrif'

Yn wyneb siom amlwg Saunders Lewis ar y naill law, a thawedogrwydd Gwynfor Evans ar y llaw arall, mae'n hawdd iawn deall gafael y 'farn gyffredin', sy'n dal bod 'Gwynfor' wedi diddyfnu Plaid Cymru o ddylanwad 'Saunders' gan weddnewid sylwedd ei neges yn y broses. Mae'n ddehongliad ymddangosiadol ddeniadol a chredadwy. Ysywaeth, mae'n gamarweiniol. Yn hytrach, mae cymhariaeth ofalus o *genedlaetholdeb* Saunders Lewis a Gwynfor Evans yn dadlennu tebygrwydd sylfaenol rhyfeddol ym mhrif elfennau eu syniadau. Mae hyn yn cynnwys y modd y maent yn synio am y genedl, perthynas yr unigolyn â'r genedl, statws moesol y wladwriaeth, perthynas yr iaith Gymraeg a chenedligrwydd Cymreig, natur cenedlaetholdeb gwleidyddol Cymreig, ac yn y blaen: gweler y cymariaethau yn nhabl 1. Tebyg hefyd oedd y nod cyfansoddiadol a osododd y ddau ar gyfer eu cenedlaetholdeb. Bu i'r ddau geisio gwahaniaethu rhwng rhyddid ac annibyniaeth, gan goleddu'r cyntaf a gwrthod yr ail.

Wrth reswm, gorchwyl anodd, os nad amhosibl, yw profi'n derfynol fod yna ddylanwad uniongyrchol, pan fo'r naill ochr a'r llall fel petaent yn amharod i arddel neu ddathlu cysylltiad.

Wedi'r cwbl, gallai'r ffaith fod syniadau dau unigolyn yn debyg olygu'n syml eu bod yn tarddu o ffynhonnell gyffredin, yn hytrach na golygu bod un wedi dylanwadu ar y llall. Gallai hefyd olygu bod yna ddylanwad anuniongyrchol, gydag un unigolyn yn amsugno syniadau heb lawn sylweddoli eu tarddiad gwreiddiol ym meddwl rhywun arall. Ond yn achos Saunders Lewis a Gwynfor Evans, credaf fod yna ddigon o dystiolaeth i allu dadlau yn ddigon dibetrus fod prif elfennau syniadaethol cenedlaetholdeb Gwynfor Evans i gyd wedi deillio o syniadaeth Saunders Lewis.

Nid oes amheuaeth, er enghraifft, nad Saunders Lewis − a Saunders Lewis yn unig − a oedd yn gyfrifol am y gwahaniaeth a dynnwyd yn ideoleg cenedlaetholdeb Cymreig rhwng annibyniaeth a rhyddid.[40] Yn ddiweddarach, bu Gwynfor Evans yn lladmerydd brwdfrydig i'r safbwynt hwnnw gydol ei yrfa wleidyddol.[41] Ond yn ogystal â hynny, dangosodd Dafydd Glyn Jones, D. Tecwyn Lloyd a Grahame Davies ill tri gyfuniad mor unigryw - ar sawl ystyr, echreiddig − o ddylanwadau a ffurfiodd graidd syniadaeth genedlaethol Saunders Lewis.[42] Yng ngoleuni hyn, mae'r ffaith fod Gwynfor Evans wedi arddel llawer o'r un syniadau fel pe bai'n gadarnhad terfynol mai o waith Saunders Lewis y tarddodd prif elfennau syniadaethol ei genedlaetholdeb.

Os derbynnir hyn, mae'r ddwy hanner brawddeg, a ddyfynnwyd uchod o hunangofiant Gwynfor Evans, sy'n cydnabod dylanwad Saunders Lewis, yn dra arwyddocaol er mor swta ac oeraidd yr ydynt. Os cânt eu blaendirio, fel yr awgryma'r dadansoddiad hwn, yna rhaid troi'r 'farn gyffredin' ynglŷn â'r dilyniant syniadaethol − neu'n fanwl, y diffyg dilyniant − rhwng cyfnodau arweinyddol y ddau ar ei phen. Yn hytrach na gweld Gwynfor Evans yn 'achub' Plaid Cymru o etifeddiaeth Saunders Lewis, neu yn wir yn 'gwrthod' yr etifeddiaeth honno, rhaid sylweddoli bod y berthynas syniadaethol rhwng y ddau yn llawer mwy cymhleth nag y myn y rhelyw o sylwebyddion. Yng nghyfrol ddiweddar R. M. Jones, *Ysbryd y Cwlwm*, ceir y darlun canlynol o'r berthynas honno:

> Saunders Lewis a Gwynfor Evans yw'r ddau ffigur carismatig mewn cenedlaetholdeb gwleidyddol yn yr ugeinfed ganrif. Yr oedd y naill fel y llall yn ymroddedig. Ond gan yr ail y ceid y synnwyr trefnu a'r adnabyddiaeth lawnaf a mwyaf greddfol o bosibiliadau gwleidyddol Cymru. Yr ail hefyd oedd y mwyaf pragmatig. Ond tybiaf, yn gam neu'n gymwys, y bydd y dyfodol yn ystyried yr ail yn debycach i'r cyntaf nag a wnawn ni, a hyd yn oed yn ddisgybl iddo ar lawer cyfrif.[43]

I'm tyb i, mae'r awdur yn llygad ei le.

Mae trosiad yr athro a'r disgybl yn hynod awgrymog wrth geisio olrhain y patrymau o ddilyniant ac o newid syniadaethol rhwng cyfnod arweinyddol Saunders Lewis a Gwynfor Evans. Oblegid, nid yw disgybl da yn bodloni ar ailadrodd yn unig ddysgeidiaeth yr athro. Yn hytrach, mae ef neu hi yn cymathu'r prif themâu i amgylchiadau gwahanol ac, yn fynych, yn tynnu ar ddylanwadau eraill. Mae hon yn broses sydd, yn ei thro, yn newid y syniadau neu'n rhoi arwyddocâd newydd iddynt.

Felly, gwelir craidd syniadau Saunders Lewis ynglŷn â'r genedl a chenedlaetholdeb yn cael ei fabwysiadu gan Gwynfor Evans, ac yn cael ei symud ymlaen o fewn Plaid Cymru o gyfnod arweinyddol y naill i'r llall. Ond, yn raddol, gwelir dylanwadau eraill yn cael eu cymathu â'r gwaddol 'Saundersaidd'. Er enghraifft, daw Leopold Kohr a'i gondemniad dylanwadol o 'felltith mawrdra' i atgyfnerthu achos y blaid.[44] Ond yn bwysicach efallai, gosodir y craidd syniadaethol oddi mewn i gyd-destun amgen ac, o ganlyniad, fe'i mynegir mewn ffordd gwbl wahanol ac, ar sawl ystyr, rhoddir iddo arwyddocâd newydd.

Er na ellir ymdrin â hwy yn fanwl yn yr ysgrif hon, gellir awgrymu bodolaeth o leiaf dri dylanwad sylfaenol arall ar

Gwynfor Evans sy'n newid y ffordd y cyflwyna'r neges ynglŷn â chenedligrwydd Cymreig a 'ddysgodd' gan Saunders Lewis.

1. *Hanesyddiaeth*. Gellir nodi sawl elfen yn nehongliad Gwynfor Evans o hanes Cymru sy'n wahanol i'r darlun a geir gan Saunders Lewis.[45] Gellir cysylltu'r rhain yn eu tro â'u byd-olwg ac â'u safbwyntiau gwleidyddol.[46] Er enghraifft, gwelir pwyslais ar Geltigaeth Cymru yn ysgrifau hanesyddol Gwynfor Evans. Yr oedd Saunders Lewis, mewn cyferbyniad, yn ddigon difrïol o'r 'cwlwm Celtaidd'. Ond yn bwysicach o lawer, siawns nad oedd y ffaith fod Gwynfor Evans yn meddu ar adnabyddiaeth lawnach o 'bosibiliadau gwleidyddol Cymru' ynghlwm wrth ei allu i ymglywed mwy â dyheadau radicalaidd y werin yn y canrifoedd ar ôl y Deddfau Uno. Yr oedd pendefigaeth Saunders Lewis, a'i bortread o'r Deddfau Uno fel cwymp o ryw ardd Eden, yn golygu na allai fyth ddadlau ag arddeliad – fel y gwnaeth Gwynfor Evans – mai cenedlaetholwyr cyfoes oedd gwir etifeddion y traddodiad radicalaidd, gwerinol, Cymreig.

2. *Diwinyddiaeth*. Ceir gwahaniaethau sylfaenol yn safbwyntiau diwinyddol Lewis ac Evans. Go brin fod rhaid manylu arnynt yma, gan i'r ddau chwarae rôl gyhoeddus mor amlwg, ac yn achos Saunders Lewis o leiaf, mor ddadleuol, fel lladmeryddion neges eu heglwysi. Ond yn nhermau eu perthynas bersonol a deallusol, ni ellir amau nad yw eu safbwyntiau diwinyddol gwahanol yn faen tramgwydd, hyd yn oed os yw Dafydd Glyn Jones yn gywir wrth ddadlau mai 'Pabydd ar gyfer Cymru ymneilltuol fu Saunders Lewis'.[47] Mae'n debyg mai heddychiaeth Gwynfor Evans – cynnyrch argyhoeddiad crefyddol dwfn – a greodd fwyaf o bellter rhyngddynt.[48] Bu'n achos tensiwn rhwng y ddau o'r flwyddyn 1938, pan roddodd Gwynfor Evans gynnig gerbron cynhadledd y blaid yn Abertawe yn ei rhwymo i ddulliau heddychlon, hyd 1969 ac achos yr FWA, a thu hwnt.

3. *Democratiaeth Gymdeithasol*. Yn ystod y 1920au a'r 1930au,

ceisiodd Saunders Lewis, gyda chymorth parod J. E. Daniel ac ambell un arall, gyflwyno cenedlaetholdeb fel ideoleg gyflawn ynddi'i hun. Gwelent genedlaetholdeb fel syniadaeth ag iddi'r gallu trosgynnol i oddiweddyd yr hollt ideolegol gonfensiynol rhwng y dde a'r chwith. Gellid dadlau, yn wir, mai dim ond gyda phenderfyniad cynhadledd Plaid Cymru ym 1981 i dderbyn bod creu Cymru a oedd wedi ei threfnu yn ôl egwyddorion 'sosialaeth gymunedol' yn un o amcanion sylfaenol y mudiad y daeth yr ymdrech i gyflwyno cenedlaetholdeb fel ideoleg gyflawn, hunangynhaliol i ben yn derfynol. Bellach mae consenws ymysg sylwebyddion ac, yn wir, ymysg trwch cenedlaetholwyr Cymreig mai ideoleg *barasitig* yw cenedlaetholdeb. Hynny yw, nid yw bod yn genedlaetholwr yn gyfystyr â safle ar yr ystod 'de-chwith', na chwaith â safle ar yr ystod sy'n ymestyn o syniadau cymdeithasol awdurdodus i safbwyntiau rhyddfrydol. Yn ddi-os, saif gwerthoedd cymdeithasol a daliadau gwleidyddol Gwynfor Evans gryn dipyn i'r chwith o'u cymharu â rhai Saunders Lewis. Yn wir, fel yr awgryma'r cyfeiriadau ffafriol at gyfundrefnau cymdeithasol Llychlynaidd a fritha ysgrifau Gwynfor Evans, gellir ei weld fel democrat cymdeithasol yn nhraddodiad y gwledydd hynny.[49] Unwaith eto, golyga hyn fod y syniadau creiddiol (a 'Saundersaidd') ynglŷn â chenedligrwydd, a'r cyflwr cyfansoddiadol gorau ar gyfer dyfodol Cymru, yn cael eu gosod mewn cyd-destun syniadaethol tra gwahanol.

Camp syniadaethol Gwynfor Evans oedd cysylltu a chymysgu'r syniadau parthed y genedl, a chenedligrwydd, a dyfodol cyfansoddiadol Cymru, a dderbyniodd gan Saunders Lewis – ei genedlaetholdeb, os mynnir – â'r dylanwadau amgen yma. Pan gyfunwyd hyn â'i anian fwy plaid-wleidyddol, y canlyniad oedd fod cenedlaetholdeb Gwynfor Evans wedi ymddangos i lawer – gan gynnwys Saunders Lewis ei hun, fe ymddengys – fel aderyn tra gwahanol i genedlaetholdeb Saunders Lewis. Ond o ddychwelyd at sylwadau enwog Saunders Lewis ynglŷn â'r modd y'i 'gwrthodwyd', er ei bod yn wir dweud bod Gwynfor Evans wedi gwrthod agweddau ar 'gymdeithaseg' Saunders Lewis, yr hyn a amlygwyd yn y drafodaeth hon yw fod elfennau canolog o'i genedlaetholdeb wedi parhau yn ganolog i weledigaeth wleidyddol Gwynfor Evans, ac i weledigaeth Plaid Cymru o dan ei arweinyddiaeth. Gorwedd gwreiddioldeb a chyfraniad arbennig Gwynfor Evans yn y ffaith iddo osod y syniadau mewn cyd-destun gwahanol, a'u cyflwyno mewn modd a oedd yn llawer mwy cyson â phrif ffrwd syniadaeth wleidyddol Gymreig.

Heb 'fwrw heibio' digon?

O geisio cloriannu cyfraniad Gwynfor Evans i syniadaeth Plaid Cymru, cyfyd cwestiwn diddorol yng nghyd-destun parhad dylanwad themâu 'Saundersaidd' yn syniadaeth 'Gwynfor' a'r Blaid. Yn ei drafodaeth lachar o wrth-foderniaeth Saunders Lewis, dywed Grahame Davies:

> Tueddir i weld Lewis yn gyffredinol yng Nghymru, felly, fel arch-genedlaetholwr ac arch-amddiffynnydd yr iaith, gyda'i elitiaeth a'r gweddill o'i syniadau llai poblogaidd yn rhyw fath o hynodrwydd ymylol, os ystyrir hwy o gwbl. Gobeithiaf fy mod wedi awgrymu, er i'r pethau hyn ymddangos yn ymylol erbyn hyn yn y ddelwedd gyffredin boblogaidd o Saunders Lewis, eu bod, mewn gwirionedd, yn rhan annatod o'r tueddiadau a'i gyrrodd i le blaenllaw ym mywyd y genedl.[50]

Yr awgrym yw fod y farn gyffredin bellach wedi ysgaru cenedlaetholdeb Saunders Lewis o'r fframwaith gwrth-fodern ac adweithiol y magwyd ef ynddo. Yn sgil y drafodaeth flaenorol, gellid awgrymu mai trwy weithgarwch Gwynfor Evans, yn anad neb efallai, y llwyddwyd i wneud hynny. Ond tybed, yn wir, a yw holl elfennau'r cenedlaetholdeb sy'n weddill yn rhydd o waddol y fframwaith adweithiol? Ystyrir yn arbennig ymrwymiad

Gwynfor Evans – ac yn wir, Plaid Cymru hyd heddiw [sef 1999 – gol.] – i nod rhyddid, ac *nid* annibyniaeth.

Fel y nodwyd eisoes, nid oes amheuaeth nad Saunders Lewis a gyflwynodd y gwahaniaeth tybiedig hwn i ideoleg y blaid. Ni ellir amau ychwaith nad oedd yn codi'n uniongyrchol o'i wrthfoderniaeth.[51] Deilliai o'i awydd i ymwrthod â'r wladwriaeth fodern a'i holl weithredoedd. I Saunders Lewis, wrth gwrs, nid oedd y datblygiadau blaengar a ddaeth law yn llaw â'r wladwriaeth fodern o bwys sylfaenol. Fel yn achos cynifer o adweithwyr, yr oedd yn amheus o'r cysyniadau a ddaeth i fri drwy chwyldroadau'r ail ganrif ar bymtheg megis sofraniaeth boblogaidd (hynny yw, democratiaeth), a'i gefell, dinasyddiaeth. Nid oedd y ffaith na cheid ystyr ymarferol, gyfansoddiadol i 'ryddid', ac nad oedd arddel 'rhyddid', felly, yn caniatáu i'w blaid ddatblygu cysyniad aeddfed o sofraniaeth a dinasyddiaeth Gymreig – rhannau hanfodol o arfogaeth mudiadau cenedlaethol dinesig, modern – o unrhyw bwys yng nghyd-destun ei fframwaith deallusol ef. Ond wedi gosod y cyd-destun hwnnw o'r neilltu, fodd bynnag, yr oedd yn rhaid i'r blaid ganfod ffordd arall o gyflwyno'r ymrwymiad i ryddid yn hytrach nag i annibyniaeth. Ar y cyfan, gwnaed hyn trwy barhau â'r ystryw rethregol y dechreuwyd ei harddel mor fuan ag y cychwynnodd Plaid Cymru geisio sôn am ba ffurf y gallai 'rhyddid' ei chymryd. Am fod 'rhyddid' yn gyfansoddiadol ddiystyr, parhawyd i ymwrthod ag 'annibyniaeth', gan alw ar yr un pryd am sefydlu cyfundrefn wleidyddol y byddai pob cyfreithiwr rhyngwladol, pob gwladweinydd ac o ran hynny pawb arall y tu allan i uchelrengoedd y mudiad ei hun yn ei galw'n statws annibynnol. Ond go brin fod hynny wedi galluogi'r blaid i ddatblygu polisïau cyfansoddiadol credadwy nac, yn wir, arbenigedd yn y maes.

Tra oedd Plaid Cymru yn blaid ymylol, a Chymru ynghlwm yn dynn wrth ffedog y wladwriaeth Brydeinig, nid oedd hynny o fawr bwys. Ond bellach, gyda sefydlu Cynulliad Cenedlaethol lle y mae Plaid Cymru yn brif wrthblaid [fel yr oedd yn 1999 – gol.], a hynny ar sail 'setliad' sy'n golygu bod cwestiynau cyfansoddiadol yn brigo i'r wyneb yn sgil pob penderfyniad mawr a mân, gallai'r diffyg hwnnw brofi'n llyffethair fawr.[52] Ynghanol yr holl gymwynasau a wnaeth Gwynfor Evans dros ei blaid, tybed felly ai anghymwynas oedd iddo beidio â 'bwrw heibio' etifeddiaeth syniadaethol Saunders Lewis yn fwy trylwyr?

Aros Mae

Mae corff yr ysgrif hon wedi craffu ar syniadaeth Gwynfor Evans a'i gyfraniad i ddatblygiad syniadaethol Plaid Cymru. Gwelwyd sut y cysylltodd ac y cymysgodd elfennau o syniadau un o'i ragflaenwyr fel llywydd, Saunders Lewis, â dylanwadau gwleidyddol, diwinyddol a hanesyddol eraill, i greu *synthesis* newydd. Ond wrth gwrs, dim ond codi cwr y llen ar un agwedd ar ei gyfraniad i Blaid Cymru a wnaed yma. O geisio cloriannu cyfraniad cyffredinol Gwynfor Evans i Blaid Cymru, mae'n debyg nad ar y gwastad syniadaethol y gorwedd ei gyfraniad mwyaf. Yn hytrach, gorwedd yn y ffaith ei fod yn ŵr ag iddo benderfyniad a stamina cwbl neilltuol ac unigryw, ac a gysegrodd ei fywyd i'w blaid ac i'w achos.

Mewn oes gynyddol unigolyddol, pan fo cynifer yn cyfrannu er budd neu bleser personol yn unig, mae ymroddiad ac aberth di-ball Gwynfor Evans yn ein hatgoffa o fodolaeth gwerthoedd gwahanol a gwell. Mewn byd lle y mae gwleidyddion wedi colli bri cyhoeddus, a lle y ceir sinigiaeth o bob tu yn ysigo hygrededd cyfundrefnau gwleidyddol cyfain, saif brwydr ddiarbed Gwynfor Evans, a'r statws moesol a fagodd yn ei sgil, fel atgof fod math gwahanol o wleidyddiaeth a gwleidyddion yn bosibl. Mewn gwlad lle y mae cenedlaetholdeb bellach yn dderbyniol, a lle y mae trwch y boblogaeth bellach yn derbyn – os nad yn dathlu – bodolaeth rhyw lun o senedd i Gymru, mae bywyd Gwynfor Evans yn ein hatgoffa o'r holl waith a wnaed, a'r holl elyniaeth a ddioddefwyd, yn y degawdau blin hynny pan gyfrifid cenedlaetholwyr a chenedlaetholdeb Cymreig megis clefyd heintus. Ac mae ei waith a'i ymdrech yn parhau. Er ei fod eisoes wedi rhoi oes o wasanaeth i'r mudiad cenedlaethol, ac yntau bellach yn 88, Gwynfor Evans yw ysgrifennydd ei gangen leol o Blaid Cymru. Ac yntau'n arwr i filoedd o'i gydwladwyr, deil i gyfrannu'n dawel trwy waith mwyaf sylfaenol unrhyw blaid wleidyddol. Dyna fesur y dyn.

Cenedlaetholdeb Saunders Lewis a Gwynfor Evans

Saunders Lewis

Y genedl

I ni, nid cymdeithas o unigolion ydyw cenedl, eithr cymdeithas o gymdeithasau... Ac oblegid mai cymdeithas o gymdeithasau ydyw cenedl y mae gwareiddiad cenedl yn gymhleth a chyfoethog, ac oblegid hynny hefyd y mae rhyddid yr unigolyn yn beth posibl... Dibynna rhyddid yr unigolyn ar ei fod yn aelod mewn nifer o gymdeithasau ac nid mewn un yn unig, ac y mae ymosod ar hawliau rhesymol y cymdeithasau bychain, megis y teulu, yr eglwysi, yr undebau cydweithredol a'r undebau llafur, yn golygu amddifadu'r unigolyn o'i amddiffynion naturiol.

'Undebau Llafur', *Y Ddraig Goch*, Tachwedd 1932.

Y wlad neu'r genedl yw'r ffurf normal ar Gymdeithas yn Ewrop. Honno a gafwyd bellach drwy brofiad cenhedloedd yn ddigon bach i'w hanwylo ac yn ddigon mawr i ddynion fyw'n llawn ynddi. Honno yw sylfaen gwareiddiad y gorllewin.

'Cenedlaetholdeb a Chyfalaf', *Y Ddraig Goch*, Mehefin 1926.

Yr unigolyn, y genedl a'r wladwriaeth

Nid swydd llywodraeth gwlad ydyw creu cyfundrefn gyflawn a pheiriant economaidd y geill gwerin gwlad eu derbyn a chydymffurfio â hwy. Swydd llywodraeth yw creu a chynnal yn egnïol yr amodau a'r amgylchiadau a rydd gyfle, arweiniad a chefnogaeth i'r genedl ei hunan ddatblygu'r gyfundrefn a fo'n gydnaws â'i delfrydau a'i thraddodiadau ac yn foddion i sicrhau iechyd y gymdeithas a dedwyddwch unigolion.

'Deg Pwynt Polisi', *Y Ddraig Goch*, Mawrth 1933.

Gwynfor Evans

Y genedl

Rhaid tanlinellu'r ffaith mai cymdeithas yw'r genedl. Cymdeithas yw hi sy'n gyfundod organaidd o gymdeithasau bach, yr ymdeimla ei phobl â'u perthynas â hi, ac â'u gwreiddiau yn ei daear, ei hanes a'i thraddodiad. Y gymdeithas hon sy'n gwarchod ac yn trosglwyddo o genhedlaeth i genhedlaeth y gwerthoedd sy'n gwareiddio dyn. Yn achos Cymru y mae'r gwerthoedd hyn yn Gristnogol ac fe'u rhennir â gwledydd Ewrop, er bod y patrwm yn gwahaniaethu o wlad i wlad.

Rhagom i Ryddid, t. 13.

Yr unigolyn, y genedl a'r wladwriaeth

Ac i'r cenedlaetholwyr Cymreig, fel cenedlaetholwyr eraill, y mae gwerth mawr i'r genedl. Pam hyn? Yn fyr, o achos ei phwysigrwydd ym mywyd y person unigol. Nid y genedl yw'r gwerth uchaf, ond y bersonoliaeth ddynol. Er mwyn dyn y mae popeth yn bod, pob sefydliad a phob cymdeithas. Er ei fwyn ef y mae'r genedl a'r wladwriaeth yn bod; sicrhau iddo fywyd a bywyd helaethach yw eu swyddogaeth.

Rhagom i Ryddid, t. 11.

Argyhoeddiad y cenedlaetholwr yw y dylai'r drefn wleidyddol ac economaidd fod yn ddarostyngedig i ddibenion cymdeithasol. Dylai bywyd gwlad gael ei drefnu mewn ffordd sy'n helpu i feithrin bywyd dynol cyflawn, crwn.

Rhagom i Ryddid, t. 13.

Nodiadau

[1] Mae'n debyg i Abi Williams ymgymryd â'r llywyddiaeth ym 1943 fel 'stop gap' gan na theimlai Gwynfor Evans y gallai fynd i'r swydd tra oedd siop ei dad yn y Barri yn dioddef ymosodiadau yn sgil safiad cyhoeddus ei fab fel cenedlaetholwr a heddychwr yn erbyn y rhyfel. Gweler Gwynfor Evans, *Bywyd Cymro*, gol. Manon Rhys (Caernarfon: Gwasg Gwynedd, 1982), t. 88; Pennar Davies, *Gwynfor Evans* (Abertawe: Christopher Davies, 1976), t. 29; Alan Butt Philip, *The Welsh Question: Nationalism in Welsh Politics 1945-1970* (Caerdydd: Gwasg Prifysgol Cymru, 1975), t. 73.

[2] 'Plaid Genedlaethol Cymru' oedd enw swyddogol y blaid rhwng 1925 a 1945 cyn ei newid i 'Blaid Cymru'. Ym 1998 fe'i newidiwyd drachefn i 'Plaid Cymru – The Party of Wales'. Fodd bynnag, er hwylustod, byddaf yn defnyddio 'Plaid Cymru' i gyfeirio at y blaid trwy gydol ei hanes.

[3] Yr oedd y blynyddoedd yn union ar ôl i Gwynfor Evans ymgymryd â'r llywyddiaeth yn arbennig o lwm. Fel y cydnabu ef ei hun, 'Digon dilewyrch i'r Blaid oedd y blynyddoedd yn union wedi'r rhyfel' (Evans, *Bywyd Cymro*, t. 135).

[4] Evans, *Bywyd Cymro*, t. 88.

[5] Ceir hanes ambell dro trwstan ar deithiau Gwynfor Evans yn *Bywyd Cymro*. Gweler, er enghraifft, tt. 88-9 a 209-10.

[6] Unwaith eto, mae'n debyg fod cystadleuaeth glòs am yr anrhydedd hwn. Wedi'r cwbl, yr oedd Saunders Lewis mor doreithiog nes i'r profiad o geisio croniclo ei gynnyrch beri dryswch mawr i D. Tecwyn Lloyd wrth iddo geisio paratoi cofiant ohono [gweler D. Tecwyn Lloyd, *John Saunders Lewis. Cyfrol 1* (Dinbych: Gwasg Gee, 1988), tt. 358-80. Ni chwblhawyd yr ail gyfrol]. Fodd bynnag, torri ei gŵys ei hun yr oedd Saunders Lewis o ganol y 1940au ymlaen. Yn ieithwedd Llafur Newydd, yr oedd Saunders Lewis *off message* ac, o'r herwydd, ni ellir ei ystyried fel lladmerydd i fudiad yn yr un modd â Gwynfor Evans.

[7] Gwynfor Evans, *For the Sake of Wales: The Memoirs of Gwynfor Evans*, cyf. Meic Stephens gyda rhagair gan Dafydd Elis Thomas (Cymru: Welsh Academic Press, 1996), tt. 243-4.

[8] Dyfynnir gan Butt Philip, *The Welsh Question*, t. 107.

[9] Ceir trafodaeth ar y tensiynau mewnol ym Mhlaid Cymru cyn buddugoliaeth Caerfyrddin gan Alan Butt Philip. Is-deitl dadlennol y bennod sy'n trafod

hynt a helynt y blaid yn y cyfnod rhwng 1959 a 1966 yw 'Drift and fragmentation', ibid., tt. 85-104. Am aelodaeth 'Llys Llangadog' gw. t. 155. Dylid nodi, fodd bynnag, fod Phil Williams yn dehongli'r un cyfnod mewn modd tra gwahanol yn ei bennod werthfawr, 'Plaid Cymru a'r dyfodol' yn John Davies (gol.), *Cymru'n Deffro: Hanes y Blaid Genedlaethol* (Tal-y-bont: Y Lolfa, 1981), tt. 121-46. Serch hynny, mae ef hyd yn oed yn cydnabod y rhagflaenwyd llwyddiant Caerfyrddin gan 'gyfnod anodd a rhwystredig' (t. 123).

[10]   Butt Philip, *The Welsh Question*, t. 109.

[11]   Mae rhai wedi dadlau – a Phleidwyr amlwg fel Phil Williams yn eu mysg – mai cam gwag ydoedd i Blaid Cymru gipio'r seddau gorllewinol, mwyaf 'Cymreigaidd', yn y 1970au a'r 1980au, cyn cipio seddau yn yr ardaloedd hynny lle'r oedd y Saesneg yn iaith y mwyafrif. Mae hon yn ddadl ffôl i'm tyb i. Troedle seneddol Plaid Cymru yng Ngwynedd yn nechrau'r 1980au a gadwodd y blaid yn llygad y cyhoedd ac a roddodd gyfle iddi ddangos, dros gyfnod, nad nythle o 'eithafwyr' mohoni. Yr oedd tynnu colyn y cyhuddiadau o eithafiaeth ac o grancyddiaeth yn dalcen caled iawn o gofio bod cenedlaetholdeb Cymreig wedi tynnu'n gwbl groes i'r hyn a ystyrid yn synnwyr cyffredin gwleidyddol yng Nghymru'r cyfnod modern. Yn ei dro, yr oedd hyn yn gam angenrheidiol er mwyn sicrhau'r mwyafrif trwch-blewyn yn refferendwm 1997 – heb sôn am ganlyniad Plaid Cymru yn etholiadau'r Cynulliad ym 1999.

[12]   Mae dyddiaduron Tony Benn yn cyfeirio at sgwrs a gafodd dros ginio â'r Dug ynglŷn â chenedlaetholdeb yng Nghymru a'r Alban yn sgil canlyniadau rhyfeddol yr isetholiadau. Nododd Dug Caeredin ei wrthwynebiad i organoli, a'i gydymdeimlad gwresog â'r cenedlaetholwyr. Dyfynnir gan John Davies, *Plaid Cymru oddi ar 1960* (Aberystwyth: Llyfrgell Genedlaethol Cymru, 1996), t. 3.

[13]   Kenneth O. Morgan, 'From eulogy to elegy: Welsh political biography', yn *Modern Wales: Politics, Places and People* (Caerdydd: Gwasg Prifysgol Cymru, 1995), t. 472.

[14]   D. Hywel Davies, *The Welsh Nationalist Party 1925-45: A Call to Nationhood* (Caerdydd: Gwasg Prifysgol Cymru, 1983).

[15]   Gweler John Davies, *Plaid Cymru oddi ar 1960*, tt. 8-9. Cymharer ag Evans, *Bywyd Cymro*, tt. 300-5.

[16]   Pennar Davies, *Gwynfor Evans*, t. 9.

[17]   Ibid., tt. 56-60.

[18]   Yr wyf eisoes wedi trafod y modd y mynnodd Saunders Lewis reolaeth dros raglen Plaid Cymru ym 1925 mewn ysgrif yn dwyn y teitl 'Saunders Lewis a'r Blaid Genedlaethol', yn Geraint H. Jenkins (gol.), *Cof Cenedl. Cyfrol XIV* (Llandysul: Gwasg Gomer, 1999), tt. 163-92. Ceir cyfeiriad dadlennol at rôl Saunders Lewis yn ystod cyfnod llywyddiaeth J. E. Daniel mewn llythyr a anfonodd at O. M. Roberts, Llanbedrycennin, Conwy, cyn i Daniel gydio yn yr awenau:

Ond peidiwch â phoeni amdanaf fel un hollol golledig. Nid wyf yn ymadael â'r Blaid. Mi gymeraf yn ganiataol mai Daniel a etholir yn llywydd. Yn awr mae ef yn un o'm ffrindiau pennaf i a golyga ei lywyddiaeth ef (1) *na bydd newid polisi a dulliau gweithio* [pwyslais wedi ei ychwanegu] (2) gallaf ei helpu ym mhob argyfwng os bydd angen penderfyniadau pwysig (3) fod y blaid yn cael siawns i ddysgu byw heb ddibynnu ar enw un dyn, a chaiff Jack Daniel hefyd brofiad o gyfrifoldeb fydd yn help mawr i'r dyfodol. (Ffynhonnell: Casgliad y diweddar D. Tecwyn Lloyd.)

19 Gwyn A. Williams, *When was Wales?* (Harmondsworth: Penguin, 1985), t. 290.

20 Butt Philip, *The Welsh Question*, t. 74.

21 K. O. Morgan, *Rebirth of a Nation: A History of Modern Wales* (Rhydychen: Gwasg Clarendon, 1981), t. 397.

22 Dyfynnir gan Pennar Davies, *Gwynfor Evans*, t. 34.

23 Saunders Lewis, 'Dylanwadau: Saunders Lewis mewn ymgom ag Aneirin Talfan Davies', *Taliesin. Cyfrol 2* (1961), t. 13.

24 *Baner ac Amserau Cymru*, 22 Mawrth 1962.

25 John Davies, *Plaid Cymru oddi ar 1960*, t. 2.

26 Un o'r rheini a ddylanwadwyd gan Gaerfyrddin oedd Dafydd Elis Thomas. Mewn cyfweliad â'r cylchgrawn *Tu Chwith* ym 1996, dywedodd mai yn sgil buddugoliaeth Gwynfor Evans yng Nghaerfyrddin y dewisodd ymroi i wleidyddiaeth Plaid Cymru yn hytrach na Chymdeithas yr Iaith Gymraeg. Yr oedd Caerfyrddin, meddai, wedi profi ei bod yn bosibl ennill etholiad yn enw'r Blaid. Gweler Dafydd Elis Thomas a Simon Brooks, 'Adeiladu'r wladwriaeth Gymreig', *Tu Chwith, 5* (1996), tt. 24-38.

27 Yn y cyfnod yma, cyfrannodd Saunders Lewis gerdd i *Tafod y Ddraig*, 'Englynion y Clywed', a gyfeiriai'n chwerw-ddychanol at wleidyddion y dydd, a Gwynfor Evans yn eu mysg.

28 Evans, *Bywyd Cymro*, t. 275.

29 Ceir yr un amwysedd yn y fersiwn Saesneg (ddiwygiedig) o'r hunangofiant. Gweler *For the Sake of Wales*, t. 193.

30 Pennar Davies, *Gwynfor Evans*, t. 31.

31 Evans, *Bywyd Cymro*, t. 111.

32 Ibid., t. 266.

33 Gwynfor Evans, 'Hanes twf Plaid Cymru 1925-95', yn Geraint H. Jenkins (gol.), *Cof Cenedl. Cyfrol X* (Llandysul: Gwasg Gomer, 1995), tt. 153-83.

34 Ibid., t. 156.

35 Ibid.

36 Ceir trafodaeth olau ar ddylanwad meddylwyr megis Hilaire Belloc a'r Dosrannwyr ar Saunders Lewis gan Tecwyn Lloyd, *John Saunders Lewis. Cyfrol 1*, tt. 282-7.

37 Emyr Wynn Williams, 'D. J. Davies – a working class intellectual within Plaid Genedlaethol Cymru 1927-32', *Llafur*, 4/4 (1987).

38 Gwynfor Evans, 'Hanes twf Plaid Cymru 1925-95', t. 158.

39 Yn y cyd-destun yma, mae'n ddiddorol nodi bod un o ysgrifau cynharaf Gwynfor Evans i gynnwys trafodaeth o hanes blynyddoedd cynnar y Blaid yn cynnwys gwerthfawrogiad mwy crwn o gyfraniad Saunders Lewis:

> Mr Saunders Lewis oedd Llywydd y Blaid o 1926 hyd 1939, ac arno ef y disgynnodd toreth y gwaith, nid o arwain o ddydd i ddydd yn unig, ond hefyd i esbonio polisi'r Blaid fel y datblygai. Os enynnodd ei erthyglau yn *Y Ddraig Goch* a'r *Faner* yn aml anghydweld anochel, eto ar y pryd mynasant sylw gelynion y Blaid yn ogystal â'i chyfeillion. Nid oes amheuaeth na fernir ei ysgrifau politicaidd yn ystod y blynyddoedd yma, ar bwys eu gwybodaeth a'u cysondeb a'u dwyster, ymysg y cyfraniadau mwyaf a wnaed erioed i'r meddwl gwleidyddol yng Nghymru. Ac o wladgarwyr mawr dwy ganrif, ym marn y lliaws, ef yw'r mwyaf.

Gwynfor Evans, 'Yr ugeinfed ganrif a Phlaid Cymru', yn *Seiliau Hanesyddol Cenedlaetholdeb Cymru* (Caerdydd: Plaid Cymru, 1950), tt. 139-40.

40 Gweler Richard Wyn Jones, 'Saunders Lewis a'r Blaid Genedlaethol', *passim.*

41 Fel un o blith myrdd o enghreifftiau posibl, gweler Gwynfor Evans, *Self Government for Wales and a Common Market for the Nations of Britain* (Caerdydd: Plaid Cymru, 1962), t. 7.

42 Gweler Dafydd Glyn Jones, 'His politics', yn Alun R. Jones a Gwyn Thomas (gol), *Presenting Saunders Lewis* (Caerdydd: Gwasg Prifysgol Cymru, 1983), tt. 23-78, D. Tecwyn Lloyd, *John Saunders Lewis. Cyfrol 1*, a Grahame Davies, *Sefyll yn y Bwlch. Cymru a'r Mudiad Gwrth-fodern: Astudiaeth o Waith R. S. Thomas, Saunders Lewis, T. S. Eliot a Simone Weil* (Caerdydd: Gwasg Prifysgol Cymru, 1999), tt. 58-96.

43 R. M. Jones, *Ysbryd y Cwlwm: Delwedd y Genedl yn ein Llenyddiaeth* (Caerdydd: Gwasg Prifysgol Cymru, 1998), t. 331.

44 Leopold Kohr, *An Austrian looks at Welsh Nationalism* (Caerdydd: Plaid Cymru, 1959). Wedi 1959 mae gwaith Gwynfor Evans wedi ei fritho â chyfeiriadau at ei syniadau.

45 Ceir ymdriniaeth lawnaf Gwynfor Evans o hanes Cymru yn *Aros Mae* (Abertawe: Gwasg John Penry, 1971). Yn ogystal, ceir sylwadau diddorol ar hanesyddiaeth yn Evans, *Bywyd Cymro*, tt. 284-94. Ceir gorolwg o hanes Cymru (a'i arwyddocâd) gan Saunders Lewis yn *Egwyddorion Cenedlaetholdeb* (Machynlleth: Evan Jones, 1926).

46 Ni cheisiaf fynd i'r afael â'r cwestiwn hanesyddiaethol dyrys: ai adlewyrchu byd-olwg yr hanesydd a wna hanes, ynteu ei ffurfio (neu, yn wir, a yw'n gyfuniad dilechdidol o'r ddau)?

47 Dafydd Glyn Jones, 'Cyflwyniad' i Saunders Lewis, *'Sefwch gyda mi ...'* (Llanrwst: Gwasg Carreg Gwalch, 2000), t. 9.

48 Am ddatganiad o'i argyhoeddiad heddychol gweler Gwynfor Evans, *Cenedlaetholdeb Di-drais*, cyf. D. Alun Lloyd (Abertawe: Gwasg John Penry/

Cymdeithas y Cymod, 1973). Gw. hefyd y drafodaeth werthfawr yn Colin H. Williams, 'Christian Witness and Non-violent Principles of Nationalism' yn Kristian Gerner *et al.* (goln), *Stat, Nation, Conflikt* (Lund: Bra Böcker, 1996), tt. 343-94.

[49]   Fel un o blith myrdd o enghreifftiau posibl gweler Gwynfor Evans, *Pe bai Cymru'n rhydd* (Tal-y-bont: Y Lolfa, 1989).

[50]   Gweler Grahame Davies, *Sefyll yn y Bwlch*, t. 90.

[51]   Gweler Richard Wyn Jones, 'Saunders Lewis a'r Blaid Genedlaethol'.

[52]   Ceir y drafodaeth orau hyd yma o statws cyfansoddiadol newydd Cymru yn Richard Rawlings, 'New Model Wales', *Journal of Law and Society*, 25/4 (1998).

'Ymwisgo comiwnyddiaeth mewn gwisg Gymreig'

Plaid gomiwnyddol Prydain Fawr a'r cwestiwn cenedlaethol yng Nghymru 1920-1979

Douglas Jones

WRTH ASESU CWRS EI fywyd ar ddiwedd yr Ail Ryfel Byd nododd y Comiwnydd John Roose Williams yn ei ddyddiadur:

> Wedi cyfnod o dros dair blwydd ar ddeg wele fi yn ail ddechrau cadw dyddiadur. Cefais lawer o bleser wrth grwydro drwy'r tudalennau a sgrifennais gynifer o flynyddoedd yn ôl, ond yn ystod yr egwyl faith y fath gyfnewidiadau sydd wedi digwydd. Fy nhad wedi marw a ninnau wedi gadael yr hen gartref lle y treuliasom flynyddoedd mor hapus, y rhyfel wedi gweddnewid y byd, finnau wedi priodi a gadael cartref gan ymsefydlu gyntaf yn Wrecsam ac erbyn hyn ym Mhen-y-bont ar Ogwr. Ac efallai yn fwy na dim fy nghariad at Gymru wedi tyfu, a'm diddordeb mewn llenyddiaeth Gymraeg wedi dod yn un o brif ddiddordebau fy mywyd. Yr wyf yn parhau yn Gomiwnydd, ond credaf fwyfwy fod yn rhaid i Gomiwnyddiaeth ymwisgo mewn gwisg Gymreig ac ymladd dros fuddiannau Cymru. Hynny bellach fydd fy mhrif waith sef trwytho'r Blaid Gomiwnyddol â thraddodiadau gorau Cymru.[1]

Er 1932, pan ymaelododd â'r Blaid Gomiwnyddol, roedd John Roose Williams wedi bod yn allweddol yn natblygiad comiwnyddiaeth yng ngogledd Cymru, yn cenhadu yn y dyddiau cynnar o gefn ei feic, wrth deithio o bentref i bentref gyda'i ffrind Tom Jones a chynnal cyfarfodydd gwleidyddol difyfyr, lle y buasai'n lledaenu'r neges gomiwnyddol.[2] Roedd Williams yn ganolog i sefydlu cangen gyntaf y blaid yn y gogledd – ym Mangor yn 1935 - a hefyd yn ganolog i sefydlu Rhanbarth Gogledd Cymru o'r Blaid Gomiwnyddol yn 1937. Williams oedd trefnydd y Rhanbarth hwn nes iddo uno â Rhanbarth De Cymru i ffurfio Pwyllgor Cymreig y Blaid Gomiwnyddol yn 1944. Erbyn diwedd y rhyfel roedd Williams yn aelod o'r Pwyllgor Cymreig ac wedi ymsefydlu yn y de, ym Mhen-y-bont ar Ogwr, lle y safodd fel ymgeisydd i'r Blaid Gomiwnyddol yn etholiadau lleol 1946 cyn symud yn ôl i'r gogledd yn 1947. Roedd Williams hefyd yn rhan o grŵp o Gomiwnyddion amlwg a oedd, ers canol yr 1930au, wedi gwthio'r Blaid Gomiwnyddol yng Nghymru tuag at ymgysylltiad â'r cwestiwn cenedlaethol Cymreig. Erbyn diwedd y rhyfel roedd y grŵp yma wedi ennill Pwyllgor Cymreig y Blaid Gomiwnyddol ac arweinyddiaeth y blaid Brydeinig at gefnogi hunanlywodraeth i Gymru, wedi datblygu rhaglen bolisi i Gymru gyfan, ac wedi ymgorffori elfen o Gymreictod yng ngwleidyddiaeth y blaid yng Nghymru.

Ysbeidiol oedd diddordeb y Blaid Gomiwnyddol yn y cwestiwn cenedlaethol yng Nghymru rhwng 1920 ac 1979. Anwybyddwyd y cwestiwn gan y blaid o'i sefydlu yn 1920 tan yr 1930au ac ni chychwynnodd y blaid ddelio â'r cwestiwn cenedlaethol tan ganol y degawd hwnnw. Cychwynnodd drafod ei hagwedd at y cwestiwn cenedlaethol wedi dyfodiad y Ffrynt Poblogaidd yn 1935. Datblygwyd agwedd y Blaid Gomiwnyddol tuag at y cwestiwn hanfodol hwn rhwng 1936 ac 1939 gyda Phwyllgorau Rhanbarthau De a Gogledd Cymru yn cynnal trafodaethau ar y mater ynghyd â chynnal trafodaethau â'r blaid ganolog yn Llundain, ac yn datgan ei chefnogaeth dros hunanlywodraeth yn 1938. Ymyrrodd y rhyfel yn y trafodaethau hyn ond fe ailgychwynnodd ymgysylltiad y blaid â'r cwestiwn cenedlaethol wrth i'r rhyfel dynnu at ei derfyn. Yn 1944 daeth

y Blaid Gomiwnyddol allan yn ffurfiol o blaid seneddau i
Gymru a'r Alban, ac yn ei Chyngres Gymreig gyntaf yn 1945
pleidleisiodd Rhanbarth Cymreig y blaid dros yr un mesur.
Yn y cyfnod yn syth wedi'r rhyfel gwelwyd cryn brysurdeb
ynghylch y mater, gyda'r blaid yn cyhoeddi nifer o bamffledi
yn gefnogol i hunanlywodraeth a diwylliant Cymru a hefyd,
am y tro cyntaf, raglen bolisi yn benodol ar gyfer Cymru. Yn
1950 ymunodd y blaid â'r Ymgyrch Senedd i Gymru, gydag
Idris Cox, ysgrifennydd y blaid yng Nghymru, yn dod yn aelod
o bwyllgor canolog a phwyllgor gwaith y mudiad. Ond er
iddi chwarae rhan bwysig yn ceisio ennill y glowyr i gefnogi
senedd i Gymru yn 1954, ciliodd y blaid rywfaint o'r cwestiwn
cenedlaethol wedi diswyddiad Idris Cox, un o ddatganolwyr
brwd y blaid, yn 1951. Am weddill yr 1950au, tra bu'r blaid
yn dal i gefnogi senedd i Gymru yn ffurfiol, ni wnaed llawer
i fynegi hyn yn ymarferol, gydag ymgais gan y blaid i ailgydio
yn y cwestiwn yn 1957 a 1958 yn dod i ddim oherwydd diffyg
aelodau ac adnoddau. Ailgodwyd y cwestiwn gan y blaid yn
1960 wrth iddi gychwyn y broses o ddatblygu rhaglen bolisi
newydd i Gymru, o dan arweinyddiaeth Bert Pearce, ac yng
nghyswllt ymgais i ddiwygio llywodraeth leol, ond wedi hynny
cilio unwaith eto a wnaeth diddordeb y blaid tan fuddugoliaeth
Gwynfor Evans yng Nghaerfyrddin yn 1966 a'r canlyniad
agos yng Ngorllewin y Rhondda ym Mawrth 1967. Wrth
i genedlaetholdeb ddod yn rym gwleidyddol yng Nghymru
cychwynnwyd trafodaeth newydd yn y Blaid Gomiwnyddol
ynglŷn â'r cwestiwn cenedlaethol, a chwaraeodd y mater ran
ganolog yng Nghyngres y blaid yng Nghymru yn 1968 ac yng
Nghyngres y blaid Brydeinig yn 1969. Aeth y blaid ymlaen i
chwarae rhan weithredol yn y drafodaeth ar ddatganoli yn yr
1970au ac fe ymgyrchodd dros senedd i Gymru yn ystod cyfnod
refferendwm 1979.

Er i Engels a Lenin ddatgan eu bod yn cefnogi gwladwriaeth

ffederal fel ateb i'r cwestiwn cenedlaethol ym Mhrydain,[3] ac er bod y Blaid Gomiwnyddol wedi derbyn hawl pob gwlad i hunanbenderfyniad yn un o sylfeini ei damcaniaeth wleidyddol ac wedi bod yn flaenllaw yn y frwydr dros ryddid cenedlaethol yn y trefedigaethau ac yn erbyn imperialaeth Brydeinig, anwybyddwyd y cwestiwn cenedlaethol Cymreig gan y blaid tan ganol yr 1930au. I raddau helaeth nid yw hyn yn syndod am i'r Comiwnyddion ganolbwyntio'u hegni ar faterion eraill yn y cyfnod hwn. Roedd Comiwnyddion i chwarae rhan bwysig mewn brwydrau diwydiannol tyngedfennol yn y lofa yn y cyfnod hwn, gyda'r Blaid Gomiwnyddol yn chwarae rhan amlwg yn y Streic Gyffredinol a'r cloi allan a'i dilynodd, yn y frwydr yn erbyn undebaeth cwmni, yn ailadeiladu Ffederasiwn Glowyr De Cymru ac, wrth i ddirywiad economaidd fwrw'r lofa, yn trefnu'r di-waith. I'r rhan fwyaf o Gomiwnyddion roedd y materion uniongyrchol hyn a oedd yn ymwneud â dirywiad economaidd, brwydrau diwydiannol ac adeiladu plaid chwyldroadol effeithiol yn bwysicach o lawer na thrafodaethau haniaethol ynglŷn â'r cwestiwn cenedlaethol. Yn wir, i'r rhan fwyaf o Gomiwnyddion roedd y cwestiwn cenedlaethol yn fater diganlyniad o'i gymharu â'r brwydrau dosbarth yr oeddynt yn eu hymladd o ddydd i ddydd, gyda gwleidyddiaeth y blaid wedi ei ffocysu, ar y cyfan, ar anghenion y lofa. Roedd y cwestiwn cenedlaethol hefyd, i raddau helaeth, wedi llithro i lawr yr agenda wleidyddol yng Nghymru am y rhan fwyaf o'r cyfnod cynnar hwn, wedi i Iwerddon ennill hunanlywodraeth ar ddechrau'r 1920au, ac roedd absenoldeb plaid genedlaetholaidd effeithiol yn yr 1920au a'r 1930au cynnar yng Nghymru yn golygu nad oedd trafodaeth eang ar y pwnc. Heb fygythiad plaid genedlaethol gref nid oedd fawr o angen i'r Comiwnyddion wynebu'r mater. Ar yr un pryd roedd cysylltiad y cwestiwn cenedlaethol yng Nghymru â Rhyddfrydiaeth hefyd yn debygol o arwain Comiwnyddion i weld y cwestiwn cenedlaethol yn un a berthynai i wleidyddiaeth fwrgeisaidd ac felly yn fater na ddylai Comiwnyddion gyffwrdd ag ef. Wrth i'r blaid symud ymhellach i'r chwith eithafol ar ddiwedd yr 1920au a'r 1930au cynnar gyda dyfodiad safbwynt newydd y 'Trydydd Cyfnod', lleihau unwaith eto a wnaeth y posibilrwydd o Gomiwnyddion yn ceisio delio â chwestiwn gwleidyddol a oedd wedi bod yn rhan o dir gwleidyddol y dosbarth bwrgeisaidd yng Nghymru gyhyd. Yn fwy sylfaenol fyth roedd y Blaid hefyd yn cael trafferth diffinio Cymru fel cenedl yn y cyfnod hwn, ac er bod y blaid yn fodlon cefnogi'r brwydrau cenedlaethol yn Iwerddon ac yn India, nid oedd yn gweld yr un potensial chwyldroadol yn perthyn i'r cwestiwn cenedlaethol yng Nghymru, gyda Chymru i ryw raddau yn cael ei gweld nid fel gwlad a oedd wedi ei gormesu gan imperialaeth Lloegr, ond yn hytrach fel gwlad a oedd yn rhan annatod o'r gyfundrefn imperialaidd.

Trawsnewidiwyd agwedd y Blaid Gomiwnyddol at y cwestiwn cenedlaethol Cymreig ganol yr 1930au gan gyfuniad o ffactorau rhyngwladol, Prydeinig a Chymreig. Ar y lefel ryngwladol roedd newid agwedd Comiwnyddion tuag at y cwestiwn cenedlaethol ynghlwm wrth eu hymateb i dwf Ffasgaeth. Yn ganolog i strategaeth wleidyddol newydd y Ffrynt Poblogaidd, a fabwysiadwyd gan y Comintern yn 1935, oedd ymroddiad i adennill y genedl er budd y mudiad gwrthffasgaidd. Wrth gyflwyno'r safbwynt newydd i Seithfed Gyngres y Comintern yn Awst 1935, pwysleisiodd Georgi Dimitrov fod yr agwedd negyddol yr oedd comiwnyddion wedi ei dangos at y cwestiwn cenedlaethol yn y gorffennol wedi ei gwneud yn haws i'r ffasgwyr ddifeddiannu treftadaeth a hanes cenedlaethol i'w camddefnyddio eu hunain, gan eu galluogi i bortreadu'r comiwnyddion fel mudiad gwrthgenedlaethol.[4] Mynnodd Dimitrov fod yn rhaid i'r mudiad comiwnyddol gynnig agwedd fwy cadarnhaol at y cwestiwn cenedlaethol os dymunai ennill tir gwleidyddol y genedl yn ôl i'r mudiad gwrth-ffasgaidd.[5]

Yn bennaf roedd hyn i'w gyflawni drwy gynnig ymdriniaeth hanesyddol a oedd yn pwysleisio traddodiadau chwyldroadol a rôl y dosbarth gweithiol yn natblygiad y genedl, a thrwy estyn cefnogaeth a chydymdeimlad at synfennau cenedlaethol y bobl. I Dimitrov, tra bo'r mudiad comiwnyddol yn dal i wrthwynebu cenedlaetholdeb bwrgeisaidd ac yn parhau i roi blaenoriaeth i'r frwydr dosbarth, rhaid oedd i'r pleidiau Comiwnyddol geisio lleoli'r cwestiwn cenedlaethol yng nghyd-destun rhyngwladoldeb er mwyn ennill y bobl i'r frwydr ryngwladol. Yng ngeiriau Dimitrov, "proletarian internationalism must, so to speak, 'acclimatise itself' in each country in order to sink deep roots in its native land".[6] Am enghraifft o'r hyn y gellid ei gyflawni gydag ymgysylltiad mwy cadarnhaol â synfennau cenedlaethol, nid oedd ond rhaid i Gomiwnyddion edrych ar lwyddiant ysgubol y Blaid Gomiwnyddol Ffrengig o 1934 ymlaen, lle'r oedd defnydd gan y blaid o symbolau cenedlaethol, ymgais ymwybodol i gyfuno'r *Tricolore* â'r Faner Goch, wedi bod yn ffactor bwysig yn nhwf sylweddol y blaid rhwng 1934 ac 1936 ac yn llwyddiant y Ffrynt Poblogaidd cyntaf yn Ewrop.[7]

Ar y lefel Brydeinig, ym mhropaganda'r Blaid Gomiwnyddol y cafwyd prif effaith galwad Dimitrov am ymgysylltiad mwy ystyrlon â'r cwestiwn cenedlaethol. Roedd pryderon cryf y tu mewn i'r blaid ei bod yn cael ei gweld yn estron i wleidyddiaeth Prydain, yn blaid nad oedd â'i gwreiddiau yn y mudiad dosbarth gweithiol Prydeinig, ond a oedd yn hytrach wedi ei mewnforio o Rwsia. Ar yr un pryd roedd y blaid hefyd yn gynyddol ymwybodol fod yn rhaid iddi gynnig propaganda a oedd yn fwy perthnasol i drwch y boblogaeth ac o fewn cyrraedd pawb os oedd hi am adeiladu Ffrynt Poblogaidd effeithiol.[8] Yn raddol gwelwyd newid sylfaenol yn natur propaganda'r blaid, gyda'r pwyslais yn symud o sôn am rym y sofiet, unbennaeth y proletariat a phlaid Lenin a Stalin, i bwyslais ar draddodiadau radical-democrataidd y dosbarth gweithiol Prydeinig, eu rôl yn adeiladu'r genedl a chysylltiadau'r blaid â'r traddodiadau hyn, yn benodol yn cysylltu brwydrau hanesyddol y dosbarth gweithiol â'r frwydr yn erbyn Ffasgaeth yn yr 1930au.[9] Rhwng 1936 ac 1939 cyhoeddwyd nifer o erthyglau, pamffledi, llyfrynnau a llyfrau a oedd yn pwysleisio bod Comiwnyddiaeth yn gynhenid i Brydain.[10] Plaid Rhanbarth Llundain oedd y gyntaf i arloesi yn y cyd-destun hwn, gyda Ted Bramley, ysgrifennydd propaganda'r rhanbarth, y dylanwadwyd arno'n gryf gan esiampl y blaid Ffrengig, yn trefnu 'March of English History' llwyddiannus drwy strydoedd y brifddinas ym Medi 1936, yr enghraifft gyntaf o'r blaid yn dathlu ei gwladgarwch radical-democrataidd.[11] Er hyn oll yr oedd elfen Eingl-ganolig i'r propaganda hwn gyda thueddiad i gynnwys brwydr dosbarth gweithiol Cymru, yr Alban ac Iwerddon o dan faner hanes Lloegr. Yn y pen draw aeth Comiwnyddion o Gymru ati i roi naws a ffocws Cymreig i'r elfen hon o bropaganda'r Blaid,[12] gyda'r cyfraniad amlycaf yn cysylltu traddodiadau radical-democrataidd Cymreig â'r frwydr yn erbyn ffasgaeth yn dod yn llyfrynnau Islwyn Nicholas ar Iolo Morganwg, Dic Penderyn, Dr William Price, R. J. Derfel a'r Siartwyr.[13] Ond roedd enghreifftiau eraill hefyd – cynhaliwyd gorymdaith yn dathlu hanes dosbarth gweithiol de Cymru o dan nawdd Plaid Gomiwnyddol y Rhondda yn Nhonypandy ym Mawrth 1937,[14] ac fe gyhoeddwyd pamffled dwyieithog gan y blaid yn 1938 yn dathlu'r Eisteddfod Genedlaethol fel sefydliad democrataidd, blaengar a gwerinol.[15]

Ar y lefel Gymreig, yn dilyn strategaeth y Ffrynt Poblogaidd, cafwyd ymgais penodol gan y Blaid Gomiwnyddol i ddenu adain flaengar y mudiad cenedlaethol i mewn i gynghrair gyda'r Comiwnyddion yn erbyn polisïau'r Llywodraeth Genedlaethol, ac yn erbyn rhyfel a ffasgaeth, fel rhan o Ffrynt Poblogaidd Cymreig. Ar yr un pryd cafodd Penyberth, a'r sylw a roddwyd i Blaid Genedlaethol Cymru yn ei sgil, ynghyd â sefydlu Rhanbarth Gogledd Cymru o'r Blaid Gomiwnyddol, gryn effaith ar ymgysylltiad y Comiwnyddion â'r cwestiwn cenedlaethol. Tra bod Penyberth wedi helpu i ddeffro'r Blaid Gomiwnyddol i botensial y mudiad cenedlaethol yng Nghymru, roedd ffurfio rhanbarth o'r blaid yng nghanol y Fro Gymraeg yn ei gorfodi i wynebu'r cwestiwn cenedlaethol fel cwestiwn gwleidyddol canolog. Yn adlewyrchiad o hyn, y prif bwnc a drafodwyd yng nghyfarfod agoriadol y Rhanbarth yn Ionawr 1937 oedd hunanlywodraeth i Gymru,[16] ac yn hwyrach yn 1937 rhoddodd gynnig ar statws y Gymraeg gerbron Cyngres y Blaid Gomiwnyddol Brydeinig. Yn ei dro sbardunodd y cynnig hwn y trafodaethau swyddogol cyntaf rhwng Rhanbarthau'r De a'r Gogledd ar y cwestiwn cenedlaethol, gyda'r drafodaeth gychwynnol ar agwedd y blaid at y Gymraeg yn cael ei throi yn drafodaethau ehangach ynglŷn ag agwedd y blaid at y cwestiwn cenedlaethol yn gyffredinol.[17] Roedd y trafodaethau hyn, rhwng y ddau ranbarth a rhwng y blaid yng Nghymru a'r arweinyddiaeth ganolog yn Llundain, i barhau drwy weddill 1937 ac 1938 wrth iddynt baratoi at Gyngres Brydeinig y blaid ar gyfer y flwyddyn honno.[18]

Gellir olrhain cefnogaeth y Blaid Gomiwnyddol i hunanlywodraeth i Gymru yn ôl i bamffled Cymraeg cyntaf y blaid, *Llwybr Rhyddid y Werin*, a gyhoeddwyd yn 1936.[19] Awdur y pamffled oedd John Roose Williams a gomisiynwyd gan y blaid ganolog, er ei bod yn glir nad oedd ymreolaeth i Gymru eto yn rhan o'i pholisi swyddogol. Wrth i Gomiwnyddion gogledd Cymru ganolbwyntio ar y cwestiwn cenedlaethol yn eu cyfarfod cyntaf gwelwyd symudiadau tebyg yn datblygu yn y de hefyd, gyda chysylltiadau a grëwyd rhwng myfyrwyr Comiwnyddol a myfyrwyr o'r Blaid Genedlaethol yng Ngholeg Caerdydd, rhwng 1936 ac 1937, yn peri i Ranbarth y De ailystyried ei safbwynt ar y cwestiwn cenedlaethol.[20] Erbyn dechrau 1937 roedd y Rhanbarth wedi datgan yn ei Gyngres flynyddol ei fod yn fodlon cydweithio â'r Blaid Genedlaethol yn rhan o'r

Ffrynt Poblogaidd.[21] Ac erbyn Rhagfyr 1937 roedd Glyn Jones, ysgrifennydd y blaid yn y de, yn pwysleisio pwysigrwydd y cwestiwn cenedlaethol i waith y blaid yng Nghymru, ac yn nodi os oedd am ledaenu ei hapêl i rannau newydd o'r boblogaeth y byddai'r cwestiwn cenedlaethol o bwys sylfaenol i'r ymgyrch.[22] Ym mhymthegfed Gyngres y blaid ym Medi 1938 cydnabu Pwyllgor Canolog y Blaid Gomiwnyddol ei fod wedi esgeuluso'r cwestiwn cenedlaethol Cymreig yn y gorffennol a'i fod yn awr yn cefnogi hunanlywodraeth i Gymru.[23]

Roedd trafodaethau'r blaid yng Nghymru felly wedi dwyn ffrwyth, gyda'r blaid Gymreig yn dadlau dros senedd i Gymru mewn cyfundrefn ffederal fel amcan tymor hir a thros ysgrifennydd gwladol a chyngor cenedlaethol Cymreig fel amcan tymor byr. Roedd y blaid hefyd yn cefnogi polisïau ieithyddol blaengar, yn galw am statws cydradd i'r Gymraeg mewn addysg, yn y llysoedd ac mewn dogfennau cyhoeddus. Ond er bod y blaid yn cefnogi senedd i Gymru fel amcan tymor hir roedd hi hefyd yn mynnu na fuasai'r fath newid yn bosibl nes sefydlu cyfundrefn sosialaidd ym Mhrydain. I'r Comiwnyddion, cyfalafwyr yn hytrach na'r Saeson oedd yn ymelwa ar Gymru, ac felly ni wnâi sefydlu senedd o dan y gyfundrefn gyfalafol ddim i newid y rheswm sylfaenol am yr ymelwa ar Gymru. Er bod dimensiwn cenedlaethol i'r ymelwa cyfalafol hwn yng Nghymru, yn y bôn natur y gyfundrefn economaidd oedd wrth wraidd y broblem, ac ni ellid datrys y cwestiwn cenedlaethol heb newid sylfaenol i'r gyfundrefn wleidyddol ac economaidd. I gyflawni hyn roedd rhaid felly i'r dosbarth gweithiol Cymreig barhau mewn undod â brwydr gweddill y dosbarth gweithiol Prydeinig os oedd am drechu cyfalafiaeth. Ond wedi llwyddiant y frwydr hon gellid ennill gwir ryddid cenedlaethol. Pwysleisiwyd y safbwynt hwn yn y datganiad ar y cwestiwn cenedlaethol a gytunwyd gyda'r Pwyllgor Canolog ym Medi 1938, ond er i'r datganiad gadw'r polisïau ieithyddol a diwylliannol a ddatblygwyd gan y Blaid yng

Nghymru, ciliodd y Pwyllgor Canolog rhag datgan cefnogaeth i amcanion tymor hir Comiwnyddion Cymru, a'r cyfan a wnaeth oedd datgan ei chefnogaeth i sefydlu Ysgrifennydd Gwladol.[24]

Ar ddiwedd 1938 dechreuodd y blaid yng Nghymru ddatblygu rhaglen bolisi i Gymru gyfan ond rhoddwyd taw ar y trafodaethau gyda chychwyn yr Ail Ryfel Byd. Er hynny, cryfhau ymrwymiad y datganolwyr yn y blaid wnaeth profiad y rhyfel. I'r rhain roedd y rhyfel wedi amlygu genedigaeth ac ailenedigaeth cenhedloedd. Wrth nodi'r pwyslais a roddwyd ar ddiwedd y rhyfel ar fyd newydd wedi ei greu o deulu o genhedloedd democrataidd, a'r hyn yr oedd y Cymry wedi ei aberthu er mwyn goresgyn ffasgaeth, gofynnent pam na châi Cymru ymuno â'r teulu hwn.[25] Ar yr un pryd roedd effaith yr economi rhyfel ar Gymru, a driniwyd am y tro cyntaf fel uned economaidd gyflawn, hefyd wedi amlygu i'r Comiwnyddion hyn botensial cynllunio cenedlaethol yng Nghymru, gyda datganoli a chynllunio economaidd a chymdeithasol effeithiol ar gyfer Cymru gyfan yn cael eu hystyried yn ffordd o osgoi'r profiadau economaidd a chymdeithasol erchyll a wynebwyd yn y blynyddoedd rhwng y ddau ryfel.[26] Roedd y blaid erbyn diwedd y rhyfel hefyd yn meddwl am Gymru fel uned economaidd, rhywbeth yr oedd wedi bod yn amharod i'w wneud yn y cyfnod cyn y rhyfel wrth iddi geisio gosod Cymru yn niffiniad Stalin o'r genedl. Roedd Stalin yn diffinio'r genedl fel cymuned hanesyddol, diriogaethol, ieithyddol, seicolegol ac economaidd,[27] ond roedd y blaid yng Nghymru yn y cyfnod cyn y rhyfel wedi cael cryn anhawster gyda'r diffiniad o Gymru fel uned economaidd, ac yn ceisio diffinio cymuned economaidd Stalin fel pobl a oedd wedi eu rhwymo gan glymau economaidd yn hytrach na phobl a oedd wedi eu huno y tu mewn i un system economaidd genedlaethol. Mewn cyferbyniad â'r pwyslais ar ffactorau economaidd yn niffiniad Stalin, pwysleisient yr elfen seicolegol o genedligrwydd.[28] Ond roedd y blaid yn Llundain wedi gwrthod yr ymgais hwn i sgil-feirniadu Stalin ac wedi gwrthod diffiniad y blaid yng Nghymru, gan fynnu nad oedd Cymru'n gymuned economaidd.[29] Erbyn diwedd y rhyfel roedd yr agwedd hon wedi cilio, ac roedd ei pharodrwydd i feddwl am Gymru fel un uned genedlaethol wedi ei adlewyrchu yn ei phenderfyniad i uno'r ddau ranbarth yn un Pwyllgor Cymreig, ac yn ei datblygiad o raglen bolisi i Gymru gyfan, a oedd bellach yn cynnwys cefnogaeth i senedd i Gymru mewn Prydain ffederal. Roedd llaw'r datganolwyr hefyd wedi ei chryfhau gan ymrwymiad cynyddol y Blaid Gomiwnyddol ar y lefel Brydeinig i geisio ennill sosialaeth drwy gyfuniad o wleidyddiaeth seneddol a thorfol ac i raglen o ddiwygiadau democrataidd eang a oedd yn cynnwys senedd i Gymru. Roedd yr ymrwymiad hwn i wleidyddiaeth seneddol ac i ddiwygiad democrataidd i ddatblygu tan ddiwedd y cyfnod dan sylw wrth i'r blaid ddatblygu ei rhaglen bolisi yn y gwahanol argraffiadau o'r *British Road to Socialism* yn 1950, 1958, 1968 ac 1978. Gwelwyd hefyd ddatblygiad yn nadansoddiad y blaid o'r wladwriaeth Brydeinig wrth iddi ddadlau yn gynyddol o blaid datganoli grym o San Steffan i lywodraeth a chymunedau lleol.[30]

Ond roedd yr amgylchiadau newydd wedi'r rhyfel hefyd wedi creu gelyniaeth tuag at y datganolwyr yn y blaid, yn enwedig o du rhai Comiwnyddion yn Undeb y Glowyr, gydag Arthur Horner yn cymryd y cam eithriadol o ddadlau yn erbyn cynnig llwyddiannus dros senedd i Gymru yn ei araith agoriadol i Gyngres Gymreig gyntaf y Blaid yn 1945.[31] I'r Comiwnyddion hyn roedd y galw am senedd i Gymru a Phrydain ffederal yn mynd yn groes i holl amcanion eu brwydr i sefydlu un undeb canolog i'r glowyr ar ffurf yr NUM. Credent fod goblygiadau cyfundrefn ffederal ym Mhrydain yn debygol o fod yn niweidiol i fuddiannau'r glowyr.[32] Daeth sialens arall i'r datganolwyr yn ymateb trwch yr aelodau i safiad y blaid ar y cwestiwn cenedlaethol gyda chanran sylweddol o'r aelodau a rhai o'r arweinwyr, ar y gorau, yn apathetig tuag at safiad y blaid.[33] Er bod y datganolwyr yn arweinyddiaeth y blaid wedi llwyddo erbyn yr 1940au hwyr i roi persbectif Cymreig i wleidyddiaeth y blaid yng Nghymru, nid oeddynt wedi llwyddo i greu brwdfrydedd dros safiad y blaid ar y cwestiwn cenedlaethol. Gallwn roi peth o'r bai am hyn ar y ffrwd gref o economyddiaeth a berthynai i wleidyddiaeth Gomiwnyddol yng Nghymru, gyda phrif bwyslais trwch yr aelodaeth yn parhau i fod ar waith diwydiannol y blaid ar draul ei gwaith gwleidyddol. Mae hefyd yn adlewyrchu'r ffaith fod y cwestiwn cenedlaethol yn parhau i fod yn fater diganlyniad i nifer yn y blaid. Ffactor arall yn y diffyg brwdfrydedd hwn oedd y gred mai dim ond ar ôl sefydlu cyfundrefn Sosialaidd y byddai senedd effeithiol i Gymru yn bosibl, safiad a barai i Gomiwnyddion ystyried y cwestiwn hwn yn un y gallent ei anwybyddu am y tro.

Erbyn yr 1950au, wrth i'r datganolwyr golli tir i'w gwrthwynebwyr yn y Pwyllgor Cymreig, gwelwyd y blaid yn rhoi llai a llai o sylw i'r cwestiwn cenedlaethol yn ei gwaith gwleidyddol. Gellir gweld cychwyn hyn ym mhenderfyniad y Pwyllgor Cymreig, yn Hydref 1950, i wrthod papur ar y cwestiwn cenedlaethol gan William Rees, a oedd wedi trosi'r Maniffesto Comiwnyddol i'r Gymraeg ar ran y blaid yn 1948.[34] Roedd papur Rees, a oedd o blaid sefydlu senedd i Gymru oddi mewn i system ledffederal a chyfnewid Tŷ'r Arglwyddi am Dŷ'r Cenhedloedd, yn cynnig yr ymdriniaeth fwyaf pellgyrhaeddol ar y pwnc eto gan aelod o'r blaid yng Nghymru, yn enwedig yn ei ddadansoddiad Marcsaidd o ddatblygiad hanesyddol Cymru a'r pwyslais a roddwyd ar natur y bygythiad i'r iaith Gymraeg[36]. Er bod casgliadau Rees, sef senedd a gwladwriaeth Gymreig oddi mewn i undeb ledffederal, ynghyd â chreu Bwrdd Cynllunio Cymreig a rhoi statws cydradd i'r iaith, wedi cadw at amcanion cyffredinol y blaid, mae eu gwrthodiad gan Bwyllgor Cymreig y blaid yn awgrymu bod y datganolwyr yn yr arweinyddiaeth yn dechrau colli tir.

Er hynny cytunodd Cyngres Gymreig y blaid i dderbyn gwahoddiad Undeb Cymru Fydd i ymuno ag Ymgyrch Senedd i Gymru yn Ebrill 1950, ac fe benodwyd Idris Cox, ysgrifennydd y Blaid Gymreig, yn aelod o bwyllgor canolog a phwyllgor gwaith yr ymgyrch. Tra bod y penderfyniad hwn yn dynodi'r tro cyntaf i'r blaid ddewis chwarae rhan ymarferol yn y mudiad cenedlaethol, cafodd arweinyddiaeth y blaid drafferth unwaith eto i greu brwdfrydedd dros yr ymgyrch ymhlith trwch yr aelodaeth, sefyllfa na châi ei gwella gan wrthwynebiad rhai o aelodau amlycaf y blaid i'w haelodaeth yn yr ymgyrch. Er bod economyddiaeth y blaid eto'n chwarae rhan bwysig yn hyn, roedd ofnau hefyd ymhlith y gwrthwynebwyr na fuasai cefnogaeth y blaid i'r ymgyrch ond yn peri i'r blaid gael ei heintio gan elfennau bwrgeisaidd a chrefyddol ac yn arwain at esgeuluso'r frwydr ddosbarth. I eraill codwyd ofnau na fuasai senedd i Gymru ond yn arwain at ymwahaniad economaidd a gwleidyddol a gwanhad anochel nid yn unig i safle economaidd Cymru ond hefyd i'r frwydr ddosbarth gweithiol ym Mhrydain a Chymru.[35] Cynyddwyd ofnau'r gwrthwynebwyr wedi aildrefnu'r ymgyrch yn 1953, wrth i Elwyn Roberts ac eraill o Blaid Cymru ddechrau dod yn flaenllaw ynddi. Ystyriai'r Pwyllgor Cymreig hyn, nid heb reswm, yn ymgais gan Blaid Cymru i gymryd awenau'r ymgyrch.[36] Ond mewn gwirionedd roedd agwedd amwys a diffyg brwdfrydedd aelodaeth y blaid tuag at yr ymgyrch wedi helpu i hwyluso safle gorbwysol Plaid Cymru.

Erbyn hyn roedd yr ychydig ddylanwad a feddai'r blaid yn haenau uwch yr ymgyrch eisoes wedi diflannu wrth iddi golli ei hunig aelod ar bwyllgor canolog yr ymgyrch yn dilyn disodli Idris Cox fel ysgrifennydd y blaid yng Nghymru yn Ebrill 1951. Mewn adlewyrchiad o agwedd amwys y blaid tuag at yr ymgyrch ni chynigiodd y blaid aelod newydd ar bwyllgor yr ymgyrch yn ei le. Yn ôl sibrydion y tu mewn i'r blaid roedd y cwestiwn cenedlaethol wedi chwarae rhan ganolog yn niswyddiad Cox, ond tra ei bod yn debygol fod rhai elfennau yn y blaid wedi codi'r mater yn y drafodaeth ynghylch gwendidau arweinyddiaeth Cox a'r Pwyllgor Cymreig, mae'n debyg mai ofnau ynglŷn â pherfformiad y blaid yn gyffredinol, ar ôl iddi golli hanner ei haelodaeth yn y cyfnod wedi'r rhyfel, ac ar ôl perfformiad gwael yn etholiadau 1950, oedd y prif reswm am ei ddiswyddiad. Beth bynnag oedd wrth wraidd disodliad Cox, roedd ei ymadawiad yn ergyd drom i'r datganolwyr, gyda'r pwyslais canolog a oedd wedi ei roi i'r cwestiwn cenedlaethol yn rhaglen bolisi'r blaid yn lleihau yn amlwg wedi iddo adael. Er hynny âi aelodau'r blaid ymlaen i chwarae rhan bwysig yn yr ymgyrch wrth iddi geisio ennill Undeb y Glowyr i gefnogi senedd i Gymru, gyda dau Gomiwnydd, Cyril Parry a Hywel Williams, yn gwneud y cynnig dros senedd i Gymru yng Nghynhadledd Flynyddol yr undeb yng Nghymru ym Mai 1954,[37] a'r blaid yn cyhoeddi datganiad o blaid y mesur a ddosbarthwyd i bob cyfrinfa yn y lofa.[38] Roedd y drafodaeth ar y pwnc yng nghynhadledd y glowyr yn cael ei hystyried yn fater hynod o bwysig gan yr ymgyrch a'r Blaid Lafur, gyda Cliff Prothero, ysgrifennydd Cyngor Rhanbarthol y Blaid Lafur, yn ofni y byddai dylanwad y Comiwnyddion yn ddylanwad tyngedfennol a allai ennill y glowyr i gefnogi senedd i Gymru.[39] I osgoi hyn defnyddiodd y Blaid Lafur ei holl ddylanwad ar Gyngor Gweithredol yr undeb i wahardd cynrychiolwyr yr ymgyrch, yn eu plith S. O. Davies, rhag annerch y gynhadledd, gan sicrhau hawl i Jim Griffiths a D. R. Grenfell siarad yn erbyn y mesur.[40] Llwyddodd y cynllwynion hyn, ynghyd ag ymosodiadau ar y mesur yn y wasg, i wthio cydbwysedd y ddadl o blaid y gwrthwynebwyr, ac er ymdrechion Parry a Williams, gwrthodwyd y mesur o 121 pleidlais i 34. Roedd y golled hon, wrth i'r blaid fethu ag ennill cefnogaeth yr undeb lle'r oedd ganddi ei dylanwad mwyaf, nid yn unig yn ergyd gref i'r ymgyrch ei hun ond yn ergyd drom i'r comiwnyddion hynny y tu mewn i'r blaid a oedd am ennill y mudiad dosbarth gweithiol i'r frwydr dros hawliau cenedlaethol.

Er i rai canghennau o'r blaid barhau yn weithgar yn yr ymgyrch, yn helpu i gasglu enwau i'r ddeiseb nes iddi gael ei chyflwyno yn 1956, ac er i'r blaid gadw mewn cysylltiad â'r ymgyrch hyd ei therfyn, wedi'r golled hon cilio a wnaeth y cwestiwn cenedlaethol o ran blaenoriaethau polisi'r blaid, proses a oedd mewn gwirionedd wedi cychwyn gydag ymadawiad Idris Cox yn 1951. Heblaw am ymgais aflwyddiannus i ddatblygu polisi'r blaid yn y maes hwn yn 1957 ac 1958, ymgais y bu'n rhaid ei ollwng oherwydd y cwymp yn yr aelodaeth yn sgil digwyddiadau 1956 a diffyg adnoddau, ni welwyd y blaid yn ceisio datblygu ei pholisi yn y maes hwn ymhellach tan ganol yr 1960au. Er hynny, roedd y blaid yn parhau i gefnogi senedd i Gymru a hyn oedd un o'r prif bwyntiau yn ei thystiolaeth i'r Comisiwn Brenhinol ar Lywodraeth Leol yn 1961, gyda'r blaid yn dadlau y dylai unrhyw adolygiad o lywodraeth yng Nghymru gychwyn gyda datganoli grym ar y lefel wladwriaethol yn hytrach na'r lefel leol.[41]

Roedd hyn yn rhan o ymgais y blaid i ailasesu ac ail-lunio ei rhaglen bolisi i Gymru wedi penodiad Bert Pearce yn ysgrifennydd Cymru ar ddiwedd 1959, gyda Pearce a'r Comiwnydd o Aberdâr, Alistair Wilson, yn chwarae rhan ganolog yn natblygu'r polisi hwn. Llunio'r rhaglen bolisi newydd hon oedd prif ffocws y blaid yng Nghymru yn ystod yr 1960au cynnar, gyda'r rhaglen newydd yn ennill cefnogaeth Cyngres y blaid Gymreig yn 1962 ac yn gosod sylfaen polisi'r blaid ar gyfer etholiad cyffredinol 1964.[42] Ond er i'r rhaglen bolisi newydd osod senedd i Gymru yn ganolbwynt i'w rhaglen o ddiwygiadau economaidd a chymdeithasol radical, fe wnaeth twf cenedlaetholdeb fel grym gwleidyddol effeithiol o ganol yr 1960au orfodi'r Blaid Gomiwnyddol unwaith eto i ailasesu ei hagwedd at y cwestiwn cenedlaethol. Roedd llwyddiant etholiadol Plaid Cymru yn 1966 yn ergyd i'r Blaid Gomiwnyddol gan fod y cenedlaetholwyr wedi llwyddo i gyflawni'r cam ymlaen yn etholiadol yr oedd y Comiwnyddion eu hunain yn ysu i'w gyflawni. Ers ymrwymo i wleidyddiaeth seneddol ar ddechrau'r 1950au yr oedd y Blaid Gomiwnyddol wedi gweld ei phleidlais yn gwaethygu o etholiad i etholiad ac i Gomiwnyddion Cymru roedd llwyddiant y cenedlaetholwyr yn amlygu'r gwendid hwn. Roedd llwyddiant y cenedlaetholwyr hefyd wedi gwneud y realiti wleidyddol yn eglur i'r blaid. Prif obaith etholiadol y blaid oedd y byddai'r pleidleiswyr yn troi tua'r chwith ac at y Blaid Gomiwnyddol wrth iddynt droi yn erbyn polisïau arweinyddiaeth adain dde'r Blaid Lafur, ond roedd canlyniadau Caerfyrddin, Gorllewin y Rhondda a Chaerffili wedi dangos mai at genedlaetholdeb yn hytrach na Chomiwnyddiaeth yr oedd pleidleiswyr Cymru yn debygol o droi. Am fod ei mudiad ieuenctid yn wan dros ben a'i haelodaeth yn heneiddio'n gyflym, roedd y blaid yn pryderu ei bod yn colli'r genhedlaeth newydd i genedlaetholdeb, er ei bod yn croesawu'r twf mewn gweithredu gwleidyddol a oedd ynghlwm wrth dwf y mudiad cenedlaethol, yn enwedig y mudiad ieithyddol.[43] I'r blaid, isetholiad Gorllewin y Rhondda ddaeth â'r ergyd fwyaf, gan ei bod wedi gobeithio cipio nifer sylweddol o bleidleisiau o'r llywodraeth Lafur amhoblogaidd. Wrth asesu'r sefyllfa yn y misoedd dilynol roedd y blaid yn feirniadol o'i methiant i hyrwyddo ymgyrch dros hunanlywodraeth, i roi mwy o flaenoriaeth i'r cwestiwn cenedlaethol yn ei pholisïau a'i gwaith gwleidyddol, ac i annog y mudiad llafur i gymryd y cwestiwn o ddifrif.[44] I'r Comiwnyddion roedd y methiant hwn wedi gadael y ffordd yn glir i Blaid Cymru fanteisio ar dwf cenedlaetholdeb yn yr 1960au.

Roedd twf cenedlaetholdeb yng Nghymru'r 1960au, yn ôl y

Comiwnyddion, yn deillio o gyfuniad o bryderon economaidd a diwylliannol, a oedd yn gysylltiedig ag effeithiau negyddol argyfwng imperialaeth Brydeinig a thwf cyfalafiaeth fonopoli ar economi Cymru, ac â dirywiad diwylliant ac iaith Cymru yn wyneb y Seisnigeiddio a oedd ynghlwm wrth fasnacheiddiwch cyfalafiaeth fodern. I'r Comiwnyddion roedd bellach yn hanfodol fod y mudiad dosbarth gweithiol yn cymryd ei le ar flaen y frwydr hon ac yn harneisio'r grym gwleidyddol hwn i'r frwydr ehangach yn erbyn cyfalafiaeth gan sicrhau nad arweiniai at ymwahanu.[46] Rhwng 1967 ac 1969 cafwyd trafodaeth eang yn y blaid ynglŷn â'r cwestiwn cenedlaethol, gyda chyfres o erthyglau yng ngwasg y blaid yn trafod y pwnc a thrafodaethau hefyd rhwng y blaid yng Nghymru a'r arweinyddiaeth yn Llundain. Erbyn diwedd y degawd daethai'r cwestiwn cenedlaethol hefyd yn un o flaenoriaethau polisi'r blaid ar y lefel Brydeinig, gyda'r cynnig ar y cwestiwn cenedlaethol yn un o'r tri phrif gynnig (ynghyd â chynnig yn ymwrthod â'r ymyriad yn Tsiecoslofacia a chynnig ar undeb dosbarth gweithiol) a basiwyd yng Nghyngres y Blaid yn 1969. Ar y cyfan roedd yr ymateb i'r cwestiwn cenedlaethol a thwf y mudiad cenedlaethol yn gadarnhaol, gyda'r drafodaeth yn bennaf yn troi o gwmpas y math o gyfundrefn ffederal a oedd i'w gefnogi. Bellach roedd y gwrthwynebwyr i greu senedd i Gymru yn y blaid yn lleiafrif bach, ac er bod peth dadlau'n parhau ynghylch statws Cymru fel cenedl, lleiafrif bach iawn oedd yn gwadu statws cenedlaethol Cymru. I'r blaid yng Nghymru y cwestiwn cenedlaethol bellach oedd y flaenoriaeth o ran polisi, gyda'r blaid yn cynnal ysgol undydd ar y cwestiwn cenedlaethol yn Chwefror 1968, a chyda gwaith y Pwyllgor Cymreig, yn wyneb problemau ariannol a threfniadol, yn canolbwyntio ar y mater o 1967 ymlaen. Pasiwyd cynigion yn gefnogol i senedd ffederal i Gymru ac o blaid sefydlu mudiad trawsbleidiol i ymgyrchu dros y fath fesur yng Nghyngres Gymreig y blaid yn 1968 ac yng Nghyngres Brydeinig y blaid yn 1969.

Unwaith eto roedd y blaid yn datgan ei chefnogaeth i senedd i Gymru oddi mewn i Brydain ledffederal (senedd ac iddi rymoedd economaidd eang yn cynnwys yr hawl i godi trethi) a hefyd ei chefnogaeth i Gymru ddwyieithog a statws cydradd i'r iaith mewn addysg a bywyd cyhoeddus. Sut bynnag, roedd newid sylfaenol yn y polisi hwn gyda'r blaid, am y tro cyntaf, yn dadlau bod senedd effeithiol i Gymru bellach yn bosibl y tu mewn i'r gyfundrefn gyfalafol. Bellach câi diwygiad democrataidd o'r math hwn ei ystyried nid yn unig yn ffordd o daro ergyd yn erbyn grym cyfalafiaeth fonopoli, drwy ddod â grym gwleidyddol yn agosach at y bobl, ond hefyd yn ffordd o ysbrydoli'r mudiad adain chwith ym Mhrydain drwy'r broses o greu mudiad blaengar eang o sosialwyr, cenedlaetholwyr, ac undebwyr llafur o blaid senedd i Gymru. Ystyrid y fath fudiad yn ffordd o uno'r grwpiau hyn i helpu i arwain at sefydlu mudiad adain chwith ehangach a allai greu sialens i'r gyfundrefn gyfalafol ar y lefel Brydeinig. Tra bod y blaid yn dal i chwennych rôl allweddol yn adeiladu'r mudiad hwn, ni fynnai'n awr, yng ngoleuni'r wleidyddiaeth chwith eang a oedd wedi datblygu o fewn y blaid, hawlio'r rôl arweiniol yn y mudiad. Yr oedd hefyd yn gydnabyddiad gan y blaid o'r realiti wleidyddol newydd.[45]

Gosododd cynnig Cyngres 1969 y sylfaen ar gyfer cyfraniad y blaid at drafodaeth yr 1970au ar ddatganoli, prif nodwedd gwleidyddiaeth Gymreig y cyfnod. Daeth cyfraniad cyntaf y blaid i'r drafodaeth hon ar ffurf ei thystiolaeth i'r Comisiwn Brenhinol ar ddatganoli, gyda'r blaid yn datgan ei chefnogaeth i senedd i Gymru (ac iddi rymoedd economaidd a chynllunio eang, yn cynnwys yr hawl i godi trethi ac i leoli diwydiant) oddi mewn i gyfundrefn ledffederal ar y lefel Brydeinig. Yn nodweddiadol roedd y blaid hefyd yn ystyried datganoli yn gyfle i ledaenu democratiaeth yng Nghymru mewn ffurfiau eraill, ac amlinellodd gynlluniau i ddemocrateiddio'r broses o gynllunio economaidd a chymdeithasol trwy roi mwy o rym a llais i gymunedau lleol a gweithleoedd, ymgais gan y blaid i ddod ag elfen o reolaeth boblogaidd dros y broses o ymyrraeth wladwriaethol ac i greu math mwy cyfrannol o ddemocratiaeth yng Nghymru. Ond o ran ei safbwynt ar y cwestiwn cenedlaethol yn benodol, roedd ei thystiolaeth i'r comisiwn yn ei gosod yn y tir canol rhwng y Blaid Lafur a Phlaid Cymru. Roedd y Comiwnyddion yn ymwrthod â chefnogaeth Plaid Cymru i annibyniaeth gan ddadlau y byddai'n arwain at annibyniaeth mewn enw yn unig a fyddai'n gadael Cymru'n ddibynnol ar fuddiannau cyfalafiaeth fonopoli. Ar y llaw arall roeddynt yn lambastio cynllun y Blaid Lafur am ddatganoli gweinyddol ar ffurf Cyngor Etholedig Cymreig fel un a oedd mor lleiafsymiol fel nad oedd yn dechrau gafael yn y cwestiynau sylfaenol ynghylch datganoli nac yn debygol o fodloni galwad pobl Cymru am reolaeth boblogaidd dros faterion Cymreig.[46]

Âi'r Blaid Gomiwnyddol ymlaen i chwarae rhan weithredol yn y drafodaeth ddilynol ar ddatganoli, gan gynnig dadansoddiad a sylwadau cyfredol ar wahanol gamau'r drafodaeth, ac agor tudalennau ei chyfnodolyn dwyieithog, *Cyffro*, i genedlaetholwyr a'r chwith yn gyffredinol. Âi'r blaid ati hefyd i ddatgan ei chefnogaeth i sefydlu sianel deledu Gymraeg ac i gynyddu darpariaeth addysg cyfrwng Cymraeg. Ac âi rhagddi hefyd i chwarae rhan bwysig yn sefydlu Cyngres Undebau Llafur Cymru, gydag aelodau amlwg o'r blaid megis Dai Francis a D. Ivor Davies yn flaenllaw yn yr ymgyrch lwyddiannus i'w sefydlu rhwng 1972 ac 1974. Croesawodd y blaid argymhellion y Comisiwn Brenhinol o blaid datganoli deddfwriaethol, gyda Bert Pearce yn cynnig y rhybudd rhagweledol bod y Comisiwn wedi gosod bom amser o dan lywodraethau'r dyfodol wrth wneud datganoli yn fater na ellid ei osgoi ym mywyd gwleidyddol Cymru.[47] Ond siom oedd ymateb y blaid i argymhellion y Blaid Lafur ar ddatganoli, gyda'r Pwyllgor Cymreig yn dadlau bod y ddeddfwriaeth ar gyfer Cymru mor ddi-rym fel ei bod yn gwahodd dadrith neu orchfygiad.[48] I'r Blaid Gomiwnyddol ni fyddai datganoli gweinyddol ond yn arwain at greu siop siarad ddi-rym.[49] Yn hytrach, er mwyn i ddatganoli fod yn effeithiol, credai ei bod yn angenrheidiol i Gymru gael datganoli deddfwriaethol a grymoedd eang dros yr economi, diwydiant a chynllunio. Hyn oedd prif ffocws ymgyrchu'r blaid dros ddatganoli, gyda phwyslais penodol ar ennill y mudiad llafur i'r argymhellion hyn, a beirniadai'n hallt y rhannau hynny o'r mudiad llafur a'r Blaid Lafur a wrthwynebai ddatganoli.

Elfen bwysig arall yn ymgyrchu'r blaid oedd ei hymgais i adeiladu ymgyrch drawsbleidiol dros ddatganoli a fyddai'n uno'r mudiad cenedlaethol â'r mudiad dosbarth gweithiol, ymgais a oedd yn ganolog i'w strategaeth o ddechrau'r 1970au. Roedd yr ymgais hwn yn fwyaf amlwg ym mhenderfyniad y blaid i agor tudalennau *Cyffro* i genedlaetholwyr ac i drefnu cyfres o gynadleddau lle y cynhaliwyd trafodaeth eang ar y cwestiwn cenedlaethol rhwng comiwnyddion, sosialwyr a chenedlaetholwyr. Er i'r ymgeisiau hyn arwain at yr hyn a alwodd Mary Winter, aelod blaenllaw o'r blaid yn y cyfnod, yn groesffrwythloniad pwysig o syniadau rhwng cenedlaetholwyr, comiwnyddion a sosialwyr,[50] dygasant ffrwyth fel y mae'n digwydd mewn amgylchiadau tra gwahanol, sef yn ystod Streic y Glowyr 1984-85. Yn y tymor byr methiant fu ymgais y blaid i greu ymgyrch eang o'r fath dros ddatganoli, ac yn wir o'r tu allan i'r blaid y daeth ymgyrch drawsbleidiol debyg yn ffurf yr ymgyrch 'Ie Dros Gymru' adeg refferendwm 1979. Er i'r blaid ymuno â'r ymgyrch hon, ac i aelodau amlwg fel Bert Pearce a Dai Francis chwarae rhan amlwg ynddi, pytiog fu ymwneud y blaid â'r ymgyrch yn gyffredinol. Adlewyrchiad oedd hyn nid o'i diffyg brwdfrydedd ond o'r dirywiad yn nifer ei changhennau a'i haelodau gweithgar erbyn diwedd yr 1970au. Ei phrif rôl yn yr ymgyrch oedd darparu sianel i mewn i'r mudiad llafur, yn enwedig Undeb y Glowyr, lle'r oedd yn parhau yn gorff dylanwadol. Roedd methiant y refferendwm yn siom enfawr i'r blaid gydag aelodau amlwg fel Dai Francis wedi digio oherwydd y rhan a chwaraewyd gan wrthwynebwyr o'r Blaid Lafur fel Neil Kinnock.[51] Er y siom roedd y blaid yn parhau i ddadlau bod datganoli yn fater o bwys gyda'r *Morning Star* yn nodi:

> The Welsh and Scottish nations are a fact. The problems which face Welsh and Scottish people day by day are a fact. Facts are stubborn things, and they can only be coped with by facing up to the need to extend democracy through devolution. For this reason the fight for the Assemblies must continue.[52]

I'r Pwyllgor Cymreig, roedd methiant y refferendwm i'w briodoli i natur wan y ddeddfwriaeth a oedd, drwy fodloni neb, wedi creu "peg which the No campaigners could hang all their fearsome bogeys, while its actual powers for Wales were so limited as to rouse little enthusiasm amongst even the most ardent supporters of devolution".[53] Er i'r blaid barhau i gredu mai undod rhwng y mudiad dosbarth gweithiol a'r mudiad cenedlaethol oedd y gobaith gorau am newid gwleidyddol yng Nghymru gydag etholiad llywodraeth gyntaf Thatcher yn 1979 a'i hymosodiad dilynol ar ddiwydiant a chymdeithas Cymru, cilio rhywfaint wnaeth pwysigrwydd y cwestiwn cenedlaethol yn strategaeth y blaid am gyfnod ar gychwyn yr 1980au cynnar. Cilio hefyd a wnaeth y Blaid Gomiwnyddol, ei chyfraniad sylweddol olaf yn dod yn ystod Streic y Glowyr a'i rôl ganolog yn y Wales Committee in Support of Mining Communities, mudiad eang ei sylfaen a ddaeth o'r diwedd â'r mudiad dosbarth gweithiol a'r mudiad cenedlaethol ynghyd.

Er i'r cwestiwn cenedlaethol barhau yn ganolog i strategaeth y blaid Gymreig am weddill yr 1980au, yn cynnwys cefnogi ymgyrch newydd drawsbleidiol dros senedd i Gymru, erbyn diwedd yr 1980au roedd y blaid wedi cilio fel grym gwleidyddol, yn wyneb methiant Streic y Glowyr, rhwygiadau mewnol niweidiol a chwymp comiwnyddiaeth yn nwyrain Ewrop. Diddymwyd y blaid yn swyddogol yn 1991.

A oedd y blaid yn y cyfnod wedi'r rhyfel wedi cymryd gwisg Gymreig fel y dymunai Williams? Oedd, i ryw raddau, gyda'r blaid yn y cyfnod hwn yn canolbwyntio mwy ar faterion Cymreig ac ar y cwestiwn cenedlaethol. Roedd creu'r Pwyllgor Cymreig yn 1944 wedi hybu'r datblygiad hwn drwy orfodi'r blaid i edrych ar y sefyllfa y tu allan i'r lofa, ac ystyried problemau Cymru gyfan a ffyrdd o'u datrys. Er y newid ffocws hwn, adweitheddol ar y cyfan oedd perthynas y Blaid Gomiwnyddol â'r cwestiwn cenedlaethol a dim ond yn achlysurol y bu'r blaid yn rhagweithiol ar ei liwt ei hun ynglŷn â'r cwestiwn cenedlaethol. Yn yr 1930au roedd ymrwymiad y blaid i'r cwestiwn cenedlaethol yn bennaf yn adwaith i dwf ffasgaeth a'i defnydd o'r genedl i ennill cefnogaeth dorfol, ond yng Nghymru roedd y blaid yn rhannol yn adweithio i effaith llosgi Penyberth a'r sylw a roddwyd i hawliau cenedlaethol yn sgil hynny. Yn yr 1960au roedd y blaid yn adweithio i dwf cenedlaetholdeb ac, fel gweddill y mudiad dosbarth gweithiol, yr oedd yn araf i ymateb i dwf synfen cenedlaethol ac i raddau helaeth wedi colli ei chyfle i ddylanwadu ar y mudiad hwn mewn ffordd effeithiol. Y mae hyn, i ryw raddau, yn ddealladwy; wedi'r cyfan, plaid gomiwnyddol ydoedd yn hytrach na phlaid genedlaetholaidd, ac roedd ei phrif ffocws wastad yn mynd i fod ar y frwydr ddosbarth, gyda'r cwestiwn cenedlaethol yn dod yn ail i ofynion y frwydr hollbwysig hon. Ond erbyn diwedd yr 1960au roedd y blaid yn cydnabod ei bod ar ei cholled oherwydd iddi esgeuluso'i gwaith yn y maes hwn ers dechrau'r 1950au.

Er bod y flaenoriaeth a roddai'r blaid i'r cwestiwn cenedlaethol wedi bod yn gyfnewidiol dros y cyfnod, unwaith yr oedd wedi ymrwymo i'r frwydr am hawliau cenedlaethol ar ddiwedd yr 1930au, bu'n gyson yn cynnig cyfres o bolisïau blaengar ynglŷn â'r iaith a llywodraeth Cymru a oedd ymhell o flaen y rhai yr oedd y Blaid Lafur yn eu cyflwyno ar y pryd. Roedd polisïau'r blaid wedi eu llunio o fewn cyfyngiadau penodol, sef ei hymrwymiad hollbwysig i'r frwydr ddosbarth ac i undod y mudiad dosbarth gweithiol Prydeinig. Roedd y blaid hefyd yn credu'n gryf mai dim ond trwy fanteisio ar adnoddau economaidd Prydain yn eu cyfanrwydd a'u hailddosbarthu y gellid gwella sefyllfa economaidd Cymru a'r Alban. Dyna a arweiniai ddatganolwyr y blaid at ateb ffederal i'r cwestiwn cenedlaethol Cymreig wrth gynnig arweiniad i Gomiwnyddion eraill, yn enwedig y rhai yn Undeb y Glowyr. Roedd y gwrthdaro rhwng y frwydr ddosbarth a'r frwydr genedlaethol yn amlwg yn nadansoddiad y blaid o'r cwestiwn, gyda'r pwyslais ar gyfalafwyr yn gyffredinol fel yr ymelwyr cenedlaethol yn hytrach na'r Saeson. Adlewyrchwyd hyn yn ymgais y blaid i wahaniaethu rhwng ei safbwynt arbennig hi a chenedlaetholdeb bwrgeisaidd, ac yn benodol wrth fynnu mai dim ond wedi ennill sosialaeth y gellid ennill gwir ryddid cenedlaethol. Ond roedd y ddadl olaf hon yn niweidiol i'r rheini a oedd am ennill i'r blaid rôl amlycach yn y frwydr genedlaethol oherwydd, wrth droi'r holl fater o senedd i Gymru yn un a gâi sylw ar ôl i'r brif frwydr gael ei hennill, parodd i'r Comiwnyddion esgeuluso'r dimensiwn cenedlaethol yng ngwleidyddiaeth y blaid. Dyna a wnâi'r penderfyniad i ollwng yr amod hon yn un mor arwyddocaol.

Roedd hefyd elfen gref o gyfyngdod i ymrwymiad y blaid i'r cwestiwn cenedlaethol gyda'i chefnogaeth i hawliau cenedlaethol yn cael ei gweld, i ryw raddau, yng ngolau'r ffordd y gallai helpu i ledaenu'r neges Gomiwnyddol a hybu'r frwydr ddosbarth ac anghenion y Blaid Gomiwnyddol. Yn yr 1930au roedd ymwneud â'r cwestiwn cenedlaethol yn cael ei gysylltu â lledaenu'r Ffrynt Poblogaidd a'r frwydr yn erbyn ffasgaeth; yn yr 1950au roedd aelodaeth y blaid yn Ymgyrch Senedd i Gymru yn rhannol yn cael ei hystyried yn ffordd o ledaenu'r neges Gomiwnyddol i grŵp o bobl nad oeddynt yn eu cyrraedd yn eu gwaith o ddydd i ddydd; ac ar ddiwedd yr 1960au, ac yn ystod yr 1970au, ystyrid y cwestiwn cenedlaethol yn ffordd o ysbrydoli'r mudiad blaengar, adain chwith ym Mhrydain, gyda'r potensial i sbarduno mudiad ehangach. Ond byddai'n annheg ac yn gamsyniad gweld hyn fel unig ysgogiad y Comiwnyddion wrth iddynt lunio'u hagwedd tuag at y cwestiwn cenedlaethol. Roedd ymrwymiad Comiwnyddion fel John Roose Williams, Idris Cox, ac yn hwyrach Bert Pearce a Dai Francis, yn un diamheuol. Wedi eu magu yn niwylliant y capel ac ar aelwydydd Cymraeg, roedd Comiwnyddion fel Williams, Cox a Francis yn ymwybodol iawn o'u Cymreictod, ac fel Marcswyr cefnogent hawl pob cenedl i hunanbenderfyniad. Gwelent senedd i Gymru, gyda'r hawl i gynllunio'n economaidd ar lefel genedlaethol, i greu sefydliadau penodol Gymreig, ac i amddiffyn a hyrwyddo diwylliant ac iaith Cymru, fel y cam allweddol i'w gymryd, ynghyd â sefydlu cyfundrefn sosialaidd, os oedd sefyllfa economaidd a chymdeithasol pobl Cymru am wella. Ymdrechion Comiwnyddion fel Williams a Cox a sbardunodd ymrwymiad y blaid i'r cwestiwn hanfodol hwn yng ngwleidyddiaeth Cymru, gyda Pearce ac Alistair Wilson yn gwneud cyfraniad hollbwysig o'r 1960au ymlaen yn datblygu'r polisïau a luniwyd gyntaf gan y datganolwyr yn y Blaid yn yr 1930au a'r 1940au, ac yn y pen draw roedd ar y blaid gryn ddyled i'r arloeswyr hyn.

Ond roedd hefyd wendidau ac anghysondebau ynghlwm wrth Gymreictod y Blaid Gomiwnyddol. Efallai mai'r gwendid amlycaf oedd natur drefniadol y blaid yng Nghymru. Er bod y blaid yn llunio'i rhaglenni polisi ar gyfer Cymru benbaladr, gwan mewn gwirionedd oedd ei chynrychiolaeth a'i threfniadaeth y tu allan i'w chadarnleoedd yng nglofa de Cymru. Er i'r blaid gynnal canghennau bychain yng ngogledd Cymru o'r 1930au ymlaen, y tu allan i ardaloedd diwydiannol gogledd-ddwyrain Cymru a threfi coleg Bangor ac Aberystwyth roedd y blaid yn absennol fel corff gwleidyddol ar y lefel leol. Yn wir, efallai fod dirywiad y blaid yn yr 1980au yn adlewyrchu dirywiad y diwydiant glo a'r lofa yn yr un cyfnod. Roedd anghysondeb hefyd yn agwedd y blaid tuag at y mudiad cenedlaethol, yn enwedig Plaid Cymru, gyda'i galwadau am undod rhwng y mudiad cenedlaethol a'r mudiad dosbarth gweithiol wedi eu cymysgu ag ymosodiadau ar natur ddemagogaidd cenedlaetholdeb. Er i hyn gilio erbyn diwedd yr 1970au, canlyniad efallai i'r croesffrwythloniad o syniadau a ddatblygodd yn ystod y degawd, roedd hyn hefyd yn adlewyrchiad o'r tensiynau a fodolai yng ngwleidyddiaeth y blaid, rhwng gwleidyddiaeth ddosbarth, rhyngwladoldeb, a'r galw am ryddid cenedlaethol. Yn olaf, roedd cryn amwyster hefyd yn agwedd y blaid tuag at Brydeindod. Er bod y blaid yn ymwrthod â'r traethiad traddodiadol, imperialaidd o Brydeindod, yr oedd yn dal ei gafael ar draethiad amgen o Brydeindod, un a oedd ynghlwm wrth hanes ac undod y mudiad dosbarth gweithiol Prydeinig. Oherwydd hyn plaid unoliaethol oedd y Blaid Gomiwnyddol yn y bôn, ond wrth iddi gynnig atebion i'r cwestiwn cenedlaethol yng Nghymru a'r Alban roedd ei hundeboliaeth amgen yn ei harwain at atebion ffederal i'r cwestiwn cenedlaethol Prydeinig. I raddau helaeth roedd y Blaid Gomiwnyddol yn unigryw i wleidyddiaeth Cymru: roedd hi'n blaid a oedd yn gysylltiedig â'r mudiad Comiwnyddol rhyngwladol, â'r mudiad dosbarth gweithiol Prydeinig ac â'r mudiad dosbarth gweithiol a blaengar yng Nghymru. Nid oes syndod felly fod y fath anghysondebau wedi dod i'r amlwg wrth iddi ddatblygu ei pholisi ar y cwestiwn cenedlaethol; yn wir, gellid dadlau ei bod yn anochel. Wrth iddi geisio datrys y tensiynau hyn roedd galw ar y blaid i ddysgu siarad â thair acen, un ryngwladol, un Brydeinig ac un Gymreig, acenion a oedd yn adlewyrchiad o hunaniaeth gymhleth y blaid yng Nghymru.

Nodiadau

1   Dyddiadur John Roose Williams, Hydref 14, 1945, Papurau John Roose Williams, Archif Prifysgol Bangor.

2   Keith Gildart, 'Thomas Jones (Tom) (1908-90)', *Dictionary of Labour Biography Vol. 11* (Llundain, 2003), t. 160.

3   Friedrich Engels, 'A Critique of the Draft Social-Democratic Programme of 1891' yn Karl Marx a Friedrich Engels, *Collected Works Vol. 27* (Llundain, 1990), p. 228; V. I. Lenin, *The State and Revolution* (Llundain, 1992), t. 65.

4   Georgi Dimitrov, *The Working Class Against Fascism* (Llundain, 1935), t. 69.

5   Ibid., t. 70.

6   Ibid., t. 71.

7   Edward Mortimer, *The Rise of the French Communist Party 1920-1947* (Llundain, 1984), t. 257-259; M. Adereth, *The French Communist Party: A Critical History (1920-84) from Comintern to 'the Colours of France'* (Manceinion, 1984), t. 63.

8   Gweler yn benodol bryderon Ted Bramley a Harry Pollitt yng nghofnodion cyfarfodydd Pwyllgor Canolog y blaid, 6 Awst 1937 a 10 Medi 1937, CPGB CI Reel 8, Archif Plaid Gomiwnyddol Prydain Fawr, Archif a Chanolfan Astudio Hanes Llafur (LHASC), Manceinion; Ted Bramley, 'Our Propaganda', *Discussion*, 2 (4), Medi 1937, t. 6-9.

9   Kevin Morgan, *Against Fascism and War: Ruptures and Continuities in British Communist Politics, 1935-41* (Manceinion, 1989), t. 40-41.

10 Gweler, er enghraifft, Robin Page Arnot, 'The English Tradition', *Labour Monthly*, 18 (11), Tachwedd 1936, t. 693-700; Jack Lindsay, *England, My England: A Pageant of the English People*, (Llundain, 1939); Jack Lindsay ac Edgell Rickword (gol), *A Handbook of Freedom: A Record of English Democracy through Twelve Centuries* (Llundain, 1939).

11 *The March of English History: A Message to you from the Communist Party* (Llundain, 1936); *Daily Worker*, 21 Medi 1936, t. 1.

12 Ar broblemau'r blaid yng Nghymru ar y cwestiwn hwn gweler Glyn Jones, 'Problems of Propaganda in South Wales', *Discussion*, 2 (7), Rhagfyr 1937, t. 6-9.

13 T. Islwyn Nicholas, *One Hundred Years Ago: The Story of the Montgomeryshire Chartists* (Aberystwyth, 1939); *A Welsh Heretic: Dr William Price, Llantrisant* (Llundain, 1940); *Dic Penderyn: Welsh Rebel and Martyr* (Llundain, 1944); *R. J. Derfel: Welsh Rebel Poet and Preacher* (Llundain, 1945); *Iolo Morganwg: Bard of Liberty* (Llundain, 1945).

14 *South Wales in the March of History: A Message to you from the Communist Party* (Tonypandy, 1937).

15 John Roose Williams, *Llên y Werin/Lore of the People* (Llundain, [1938]).

16 *Daily Worker*, Chwefror 4, 1937.

17 John Roose Williams, 'Communist Policy', [1944], Papurau John Roose Williams, Archif Prifysgol Bangor.

[18] Am hanes manwl o'r trafodaethau hyn gweler Douglas Jones, 'The Communist Party of Great Britain and the National Question in Wales, 1920-1991', thesis PhD anghyhoeddedig, Prifysgol Aberystwyth (2010), t. 72-81.

[19] John Roose Williams, Llwybr Rhyddid y Werin (Llundain, [1936]).

[20] Alistair Wilson, 'National Consciousness and Class Consciousness', [1979], t. 7, Papurau Bert Pearce WN 1/5, Llyfrgell Genedlaethol Cymru (LlGC).

[21] Daily Worker, 23 Chwefror, 1937, t. 6.

[22] Jones, 'Problems of Propaganda in South Wales', t. 7-8.

[23] Report of the Central Committee to the 15th Party Congress, September 16-19, 1938 (Llundain, 1938). http://marxists.org/history/international/comintern/sections/britain/central_committee/1938/09/report.htm.

[24] 'Draft Statement on Welsh Nationalism, 24 February 1938', t. 8 Papurau Bert Pearce WN 1/1, LLGC. Gweler hefyd copi personol John Roose Williams o'r 'Statement on the National Question in Wales' t. 1-2, Papurau John Roose Williams, Archifdy Prifysgol Bangor lle mae'n pwysleisio'r angen i ysgrifennydd gwladol fod yn gam gyntaf tuag at fesurau llawnach o ddatganoli.

[25] Yn benodol gweler John Roose Williams, Fflam Rhyddid Cymru/The Flame of Welsh Freedom (Caerdydd, 1944); Idris Cox, Forward to a New Life for South Wales (Caerdydd, 1944), t. 13; C. Lloyd Humphreys, 'Welsh National Rights', Labour Monthly (26 (11), Tachwedd 1944, t. 346-347.

[26] Ar gyfer rhaglen bolisi Gymreig y Blaid Gomiwnyddol wedi'r rhyfel gweler Wales in the New World (Caerdydd, 1944).

[27] Joseph Stalin, Marxism and the National and Colonial Question (Llundain, 1936), t. 8.

[28] 'The National Problem in Wales', [1938], t. 2, CP/IND/DUTT/15/8 (LHASC).

[29] Mae cyfeiriadau at Gymru fel cymuned economaidd yn absennol o'r datganiad a ryddhawyd gan y Blaid Gomiwnyddol ym Medi 1938; gweler 'Statement on the National Question in Wales'.

[30] Am esiamplau cynnar o hyn gweler John Gollan, The British Political System (Llundain, 1954) a James Harvey a Katherine Hood, The British State (Llundain, 1958).

[31] Idris Cox, 'Story of a Welsh Rebel', t. 74-75, Papurau Idris Cox 1, LlGC.

[32] Gweler y pedair erthygl anhysbys a ysgrifennwyd ar gyfer Party News yn amlinellu'r safbwynt hwn ym Mhapurau Bert Pearce WN 1/3, LlGC.

[33] Gweler, er enghraifft, 'Welsh District Report to the Political Committee for the period May 1950 to April 1951', t. 3, Papurau Bert Pearce WD 1/4, LlGC.

[34] William Rees, 'The Problem of Welsh Nationality and the Communist Solution [1950]', Papurau Bert Pearce WN 1/1, LlGC.

[35] 'Report to the Political Committee. April 1951', t. 3-4.

36 'Report to the Political Committee on the Work of the Communist Party in Wales, 26 January 1954', t. 10, Papurau Bert Pearce WD 1/4, LlGC.

37 Gweler *NUM (South Wales Area) Minutes of Area Annual Conference held at the Pavilion Porthcawl on 10th, 11th, 12th and 15th May 1954* (Caerdydd, 1954), t. 450-455 am y drafodaeth.

38 'Communist Statement on the Future of Wales', Ebrill 1954, Papurau Bert Pearce WN 1/1, LlGC.

39 J. Graham Jones, 'The Parliament for Wales Campaign, 1950-1956', *Welsh History Review* 6 (2), (1992).

40 'NUM (South Wales Area) Minutes of Executive Council Meeting, April 27, 1954', t. 401, Llyfrgell Glowyr De Cymru; Robert Griffiths, *S. O. Davies: A Socialist Faith* (Llandysul, 1983), t. 181.

41 'Local Government Commission for Wales: Statement to Cardiff Conference, November 29, 1961', t. 3, Papurau Bert Pearce WM/3, LlGC.

42 *The New Way for Wales* (Caerdydd, 1964).

43 Cyfweliad â Mary a Tony Winter, 20 Chwefror, 2009.

44 'Rhondda West By-election' (1967), t. 2, Papurau Bert Pearce WM/9, LlGC.

45 Am y cynnig llawn gweler *Comment*, 6 Rhagfyr, 1969.

46 Am femorandwm a thystiolaeth y Blaid Gomiwnyddol Gymreig gweler 'Memorandum submitted by the Welsh Committee of the Communist Party' yn *Commission on the Constitution: Minutes of Evidence V: Wales* (Llundain: 1972).

47 'Communist Policy and Problems of National Development To-day, April 16, 1967' t. 1-3, Papurau Bert Pearce WM/9, LLGC.

48 'Press Statement – Devolution Bill Must Be Changed, November 30, 1976', Papurau Bert Pearce WN 1/10, LlGC.

49 *A Parliament with Powers for Wales: Comments Submitted by the Welsh Committee of the Communist Party to the Secretary of State for Wales on the Government Discussion Paper 'Devolution in the United Kingdom'* (Caerdydd, 1974), t. 3-4.

50 Cyfweliad â Mary a Tony Winter, 20 Chwefror 2009.

51 Cyfweliad â Hywel Francis, 27 Hydref 2009.

52 *Morning Star*, 3 Mawrth 1979, t. 1.

53 'Devolution Buried but is it Dead?', [1979], t. 2, Papurau Bert Pearce WN 1/4, LlGC.

DewiZ. Phillips

CYFROL DEYRNGED

Cred, Llên a Diwylliant
Golygwyd gan E. Gwynn Matthews

y Lolfa

£9.95

FFINIAU

DEWI Z. PHILLIPS

£19.95

Am restr gyflawn o lyfrau'r Lolfa, mynnwch
gopi am ddim o'n catalog
neu hwyliwch i mewn i'n gwefan

www.ylolfa.com

lle gallwch archebu llyfrau ar-lein.

TALYBONT CEREDIGION CYMRU SY24 5HE
ebost ylolfa@ylolfa.com
gwefan www.ylolfa.com
ffôn 01970 832 304
ffacs 832 782